洛阳西汉画像空心砖发现与研究

洛阳市考古研究院
编著

赵晓军
徐婵菲
主编

上海古籍出版社

图书在版编目（CIP）数据

洛阳西汉画像空心砖发现与研究 / 洛阳市考古研究院编著；赵晓军，徐婵菲主编. -- 上海：上海古籍出版社，2023.9
ISBN 978-7-5732-0830-9

Ⅰ.①洛… Ⅱ.①洛… ②赵… ③徐… Ⅲ.①画像石—研究—洛阳—西汉时代 Ⅳ.①K879.424

中国国家版本馆CIP数据核字(2023)第152881号

洛阳西汉画像空心砖发现与研究
洛阳市考古研究院　编著
赵晓军　徐婵菲　主编
上海古籍出版社出版发行
（上海市闵行区号景路159弄1-5号A座5F　邮政编码201101）
（1）网址：www.guji.com.cn
（2）E-mail：guji1@guji.com.cn
（3）易文网网址：www.ewen.co
上海雅昌艺术印刷有限公司印刷
开本889×1194　1/16　印张21.75　插页4　字数325,000
2023年9月第1版　2023年9月第1次印刷
ISBN 978-7-5732-0830-9
K·3446　定价：180.00元
如有质量问题，请与承印公司联系

《洛阳西汉画像空心砖发现与研究》编委会

主　编　赵晓军　徐婵菲

副主编　刘　斌　侯秀敏　程永建

目/录

上编 洛阳西汉画像空心砖发现与研究

引 言 ·· 002

壹 洛阳西汉空心砖墓的发现与研究 ··· 004
　一、洛阳西汉空心砖墓的发现 ··· 005
　二、洛阳西汉空心砖墓的研究 ··· 010

贰 洛阳西汉画像空心砖的发现与研究 ··· 044
　一、洛阳西汉画像空心砖的发现 ·· 045
　二、洛阳西汉画像空心砖的研究 ·· 053

结 语 ·· 072

下编　图版

壹　考古发掘的画像空心砖 ⋯⋯⋯⋯⋯⋯⋯⋯⋯⋯⋯⋯⋯⋯⋯⋯⋯⋯⋯⋯⋯⋯⋯⋯ 084
　一、史家屯 M18955 西汉空心砖墓画像砖 ⋯⋯⋯⋯⋯⋯⋯⋯⋯⋯⋯⋯⋯⋯⋯⋯⋯⋯ 085
　二、宜阳牌窑西汉空心砖墓画像砖 ⋯⋯⋯⋯⋯⋯⋯⋯⋯⋯⋯⋯⋯⋯⋯⋯⋯⋯⋯⋯⋯ 090
　三、史家屯 M190 西汉空心砖墓画像砖 ⋯⋯⋯⋯⋯⋯⋯⋯⋯⋯⋯⋯⋯⋯⋯⋯⋯⋯⋯ 101
　四、史家屯 M193 西汉空心砖墓画像砖 ⋯⋯⋯⋯⋯⋯⋯⋯⋯⋯⋯⋯⋯⋯⋯⋯⋯⋯⋯ 116
　五、浅井头西汉空心砖墓画像砖 ⋯⋯⋯⋯⋯⋯⋯⋯⋯⋯⋯⋯⋯⋯⋯⋯⋯⋯⋯⋯⋯⋯ 128
　六、偃师辛村新莽空心砖墓画像砖 ⋯⋯⋯⋯⋯⋯⋯⋯⋯⋯⋯⋯⋯⋯⋯⋯⋯⋯⋯⋯⋯ 130
　七、偃师保庄村新莽空心砖墓画像砖 ⋯⋯⋯⋯⋯⋯⋯⋯⋯⋯⋯⋯⋯⋯⋯⋯⋯⋯⋯⋯ 136

贰　非考古出土的画像空心砖 ⋯⋯⋯⋯⋯⋯⋯⋯⋯⋯⋯⋯⋯⋯⋯⋯⋯⋯⋯⋯⋯⋯⋯ 140
　一、阴纹画像空心砖 ⋯⋯⋯⋯⋯⋯⋯⋯⋯⋯⋯⋯⋯⋯⋯⋯⋯⋯⋯⋯⋯⋯⋯⋯⋯⋯⋯ 141
　二、阳纹画像空心砖 ⋯⋯⋯⋯⋯⋯⋯⋯⋯⋯⋯⋯⋯⋯⋯⋯⋯⋯⋯⋯⋯⋯⋯⋯⋯⋯⋯ 266

附　录 ⋯⋯⋯⋯⋯⋯⋯⋯⋯⋯⋯⋯⋯⋯⋯⋯⋯⋯⋯⋯⋯⋯⋯⋯⋯⋯⋯⋯⋯⋯⋯⋯⋯ 314
参考文献 ⋯⋯⋯⋯⋯⋯⋯⋯⋯⋯⋯⋯⋯⋯⋯⋯⋯⋯⋯⋯⋯⋯⋯⋯⋯⋯⋯⋯⋯⋯⋯ 330
后　记 ⋯⋯⋯⋯⋯⋯⋯⋯⋯⋯⋯⋯⋯⋯⋯⋯⋯⋯⋯⋯⋯⋯⋯⋯⋯⋯⋯⋯⋯⋯⋯⋯⋯ 333

目录

图版目录

壹 考古发掘的画像空心砖

一、史家屯 M18955 西汉空心砖墓画像砖 ………… 085
　　1. 马画像砖（1）………… 086
　　2. 马画像砖（2）………… 088

二、宜阳牌窑西汉空心砖墓画像砖 ………… 090
　（一）墓室情况 ………… 091
　（二）画像砖情况 ………… 092
　　1. 三角形龙、武士画像砖 ………… 092
　　2. 凤鸟、鸿雁画像砖 ………… 094
　　3. 骏马、树木、白虎画像砖（1）………… 096
　　4. 骏马、树木、白虎画像砖（2）………… 098
　　5. 骏马、树木、白虎画像砖（3）………… 100

三、史家屯 M190 西汉空心砖墓画像砖 ………… 101
　　1. 持戟武士画像砖 ………… 102
　　2. 驯马、狩猎画像砖（1）………… 105
　　3. 驯马、狩猎画像砖（2）………… 108
　　4. 驯马、狩猎画像砖（3）………… 112
　　5. 树木、仙鹤画像砖 ………… 113

四、史家屯 M193 西汉空心砖墓画像砖 ………… 116
　　1. 六天马画像砖 ………… 117
　　2. 三天马画像砖 ………… 120
　　3. 空白砖 ………… 122

　　4. 驯虎、天马画像砖 ………… 124
　　5. 六天马画像砖 ………… 127

五、浅井头西汉空心砖墓画像砖 ………… 128
　　1. 树木、鸭鸟画像砖 ………… 129

六、偃师辛村新莽空心砖墓画像砖 ………… 130
　　1. 青龙画像砖 ………… 131
　　2. 白虎画像砖 ………… 133
　　3. 青龙、白虎画像砖 ………… 134

七、偃师保庄村新莽空心砖墓画像砖 ………… 136
　　1. 青龙、白虎、玉璧、树木画像砖 ………… 137
　　2. 铺首、树木画像砖 ………… 139

贰 非考古出土的画像空心砖

一、阴纹画像空心砖 ………… 141
　（一）带彩画像砖 ………… 142
　　1. 天马、树木、吉猴、鸿雁画像砖 ………… 143
　　2. 持戈武士画像砖 ………… 144
　　3. 持戈武士、凤鸟画像砖 ………… 145
　　4. 三角形龙、武士画像砖 ………… 146
　　5. 长方形龙、武士画像砖 ………… 147
　　6. 凤鸟、骏马画像砖 ………… 148
　　7. 骏马、白虎、群鹤、树木、马驹像砖 ………… 149

（二）尚马主题的画像砖…………………………150

  1. 双骏马画像砖（1）…………………………151

  2. 双骏马画像砖（2）…………………………154

  3. 双骏马画像砖（3）…………………………155

  4. 三骏马画像砖………………………………155

  5. 四骏马画像砖………………………………156

  6. 骏马、树木画像砖…………………………156

  7. 骏马、树木、凤鸟画像砖…………………157

  8. 骏马、白虎画像砖…………………………158

  9. 骏马、白虎、树木画像砖…………………159

  10. 骏马、仙鹤画像砖………………………159

  11. 天马画像砖………………………………160

  12. 天马、凤鸟画像砖………………………160

  13. 天马、树木、吉猴画像砖………………161

  14. 天马、树木、吉猴、鸿雁画像砖………162

  15. 天马、仙鹤画像砖（1）…………………163

  16. 天马、仙鹤画像砖（2）…………………166

  17. 天马、仙鹤画像砖（3）…………………167

  18. 天马、武士、凤鸟画像砖………………169

  19. 养马画像砖（1）…………………………169

  20. 养马画像砖（2）…………………………170

  21. 养马画像砖（3）…………………………170

  22. 驯马画像砖（1）…………………………171

  23. 驯马画像砖（2）…………………………172

（三）礼乐主题的画像砖…………………………173

  1. 拜谒、树木、仙鹤、鸿雁、猎犬画像砖…174

  2. 拜谒、天马、树木、吉猴、铺首画像砖…175

  3. 拜谒、天马画像砖残砖……………………177

  4. 拜谒、天马、猎犬、鸿雁画像砖…………178

  5. 拜谒、天马、猎鹰、鸿雁画像砖…………181

  6. 三角形拜谒、猎犬、鸿雁画像砖…………182

  7. 三角形胡榖骑猎鹿画像砖（1）……………183

  8. 三角形胡榖骑猎鹿画像砖（2）……………184

  9. 三角形人物射鹿、白虎、凤鸟画像砖……185

  10. 三角形人物射鹿、猎豹、凤鸟画像砖……186

  11. 三角形猎犬、鸿雁、雄鹿画像砖…………187

  12. 人物射鹿、猎豹、猎鹰画像砖……………188

  13. 人物射鹿、树木、凤鸟画像砖……………189

  14. 人物射鹿、骏马、仙鹤画像砖……………190

  15. 人物射鹿、猎鹰、白虎、仙鹤画像砖（1）…191

  16. 人物射鹿、猎鹰、白虎、仙鹤画像砖（2）…192

  17. 人物射鹿、猎鹰、白虎、仙鹤画像砖（3）…193

  18. 猎鹰、猎豹、白虎、双鹿、树木画像砖…193

  19. 榖骑射虎画像砖（1）……………………194

  20. 榖骑射虎画像砖（2）……………………195

  21. 榖骑射虎画像砖（3）……………………195

  22. 榖骑射虎、朱鹭画像砖…………………196

  23. 榖骑射虎、朱鹭、凤鸟、天马画像砖…197

目 录

24. 毂骑射虎、凤鸟、骏马画像砖 ……… 200
25. 猛虎逐鹿画像砖 ………………………… 201
26. 驯虎、天马、仙鹤、猎鹰画像砖 ……… 202
27. 驯虎、天马、树木、猎鹰、凤鸟、景星画像砖 203
28. 驯虎、天马、树木、凤鸟、景星画像砖 ……… 204
29. 猎犬、猎鹰、鸿雁、武士、天马画像砖 ……… 205
30. 猎犬、鸿雁、雄鹿、奔兔、天马、仙鹤、树木画像砖 ……………………………… 206
31. 猎犬、野兔、天马画像砖 ……………… 207

（四）武士主题的画像砖 ……………… 208
1. 持戈武士画像砖（1） ………………… 209
2. 持戈武士画像砖（2） ………………… 210
3. 持戈武士画像砖（3） ………………… 211
4. 持戈武士画像砖（4） ………………… 212
5. 持戈武士画像砖（5） ………………… 213
6. 持戈武士、凤鸟画像砖 ………………… 214
7. 持戈武士、骏马、白虎、凤鸟画像砖（1） ……… 216
8. 持戈武士、骏马、白虎、凤鸟画像砖（2） ……… 216
9. 持戈武士、骏马、白虎、凤鸟画像砖（3） ……… 217
10. 持戈武士、骏马、白虎、凤鸟画像砖（4） …… 217
11. 持戈武士、骏马、白虎、凤鸟画像砖（5） …… 218
12. 持戈武士、天马、凤鸟画像砖 ………… 218
13. 持戟武士、骏马、白虎、树木、凤鸟画像砖 …… 219
14. 持戟武士、骏马、凤鸟、仙鹤画像砖 ………… 220

15. 持戟武士、骏马、凤鸟画像砖 ………… 220
16. 持戟武士、骏马、凤鸟、射虎画像砖 … 221
17. 持戟武士、骏马、凤鸟、仙鹤、树木画像砖（1） ……………………………… 221
18. 持戟武士、骏马、凤鸟、仙鹤、树木画像砖（2） ……………………………… 222
19. 持戟武士、骏马、凤鸟、仙鹤、树木画像砖（3） ……………………………… 222
20. 持戟武士、骏马、凤鸟、白虎、树木画像砖（1） ……………………………… 223
21. 持戟武士、骏马、凤鸟、白虎、树木画像砖（2） ……………………………… 224
22. 持戟武士、执戈武士、骏马、凤鸟、白虎、仙鹤、树木画像砖 ………………………… 225
23. 佩剑武士、秃鹫、树木、吉猴画像砖 … 226
24. 佩剑武士、骏马、天马、凤鸟、秃鹫、树木、吉猴画像砖 ……………………………… 227
25. 佩剑武士画像砖 ………………………… 228
26. 武士、凤鸟画像砖 ……………………… 229
27. 骑士、天马、凤鸟、仙鹤、树木、吉猴画像砖 230
28. 毂骑画像砖 ……………………………… 232
29. 武士画像砖 ……………………………… 234

（五）祥瑞主题的画像砖 ……………… 235
1. 三角形龙、武士画像砖（1） ………… 236

2. 三角形龙、武士画像砖（2） ········· 237

3. 三角形龙、武士画像砖（3） ········· 237

4. 长方形龙、武士画像砖 ············· 238

5. 三角形嘉禾、天马、仙鹤画像砖 ····· 239

6. 三角形树木、天马、仙鹤画像砖 ····· 239

7. 三角形凤鸟、骏马、白虎画像砖 ····· 240

8. 凤鸟、骏马、白虎画像砖（1） ····· 242

9. 凤鸟、骏马、白虎画像砖（2） ····· 243

10. 凤鸟、骏马、白虎画像砖（3） ···· 244

11. 凤鸟、骏马、白虎画像砖（4） ···· 244

12. 凤鸟、骏马、白虎画像砖（5） ···· 245

13. 凤鸟、骏马、白虎、仙鹤、树木画像砖 ···· 246

14. 凤鸟、骏马、白虎、群鹤、树木、马驹画像砖 246

15. 凤鸟、白虎、骑吏画像砖（1） ···· 247

16. 凤鸟、白虎、骑吏画像砖（2） ···· 247

17. 凤鸟、群鹤、白虎、骑吏画像砖 ···· 248

18. 凤鸟、天马、猎豹、树木画像砖 ···· 250

19. 凤鸟、骏马、群鹤画像砖 ········· 250

20. 凤鸟画像砖（1） ··············· 251

21. 凤鸟画像砖（2） ··············· 252

22. 凤鸟、骏马画像砖（1） ········· 254

23. 凤鸟、骏马画像砖（2） ········· 254

24. 凤鸟、骏马画像砖（3） ········· 255

25. 凤鸟、骏马画像砖（4） ········· 255

26. 凤鸟、白虎画像砖（1） ········· 256

27. 凤鸟、白虎画像砖（2） ········· 256

28. 凤鸟、白虎画像砖（3） ········· 257

29. 凤鸟、白虎、花卉画像砖（1） ···· 257

30. 凤鸟、白虎、花卉画像砖（2） ···· 258

31. 凤鸟、白虎、花卉画像砖（3） ···· 258

32. 骏马、白虎画像砖（1） ········· 259

33. 骏马、白虎画像砖（2） ········· 259

34. 天马、仙鹤、树木、景星画像砖（1） ···· 260

35. 天马、仙鹤、树木、景星画像砖（2） ···· 261

36. 铺首衔环画像砖 ················· 262

37. 白虎画像残砖 ··················· 263

38. 群鹤画像残砖 ··················· 264

39. 钱纹砖 ························· 265

二、阳纹画像空心砖 ··················· 266

1. 白虎、铺首、单阙画像砖 ··········· 267

2. 凤鸟、武士、建筑、狩猎、毂骑、青龙、铺首画像砖 ························· 269

3. 建筑铺首、武士、树木画像砖 ······· 272

4. 文吏、武士、铺首、树木画像砖 ····· 275

5. 文吏、铺首、树木画像砖 ··········· 278

6. 文吏、建筑、青龙、白虎、铺首画像砖 ···· 279

7. 青龙、铺首、女子、文吏画像砖 ····· 282

目 录

8. 青龙、铺首、文吏画像砖 …………………… 284
9. 武士画像砖 …………………………………… 285
10. 武士、女子、树木画像砖 …………………… 287
11. 铺首衔环画像砖 ……………………………… 289
12. 文吏、青龙、白虎、树木画像砖 …………… 290
13. 舞蹈、铺首画像砖（1）……………………… 292
14. 舞蹈、铺首画像砖（2）……………………… 294
15. 舞蹈、武士、建筑、铺首画像砖 …………… 294
16. 武士、青龙画像砖 …………………………… 295
17. 武士、白虎画像砖 …………………………… 296
18. 文吏、飞鸟、白虎、铺首画像砖 …………… 297
19. 凤鸟、武士、建筑、狩猎、车马、毂骑、铺首画像砖 …………………………………… 299
20. 武士、单阙、白虎、凤鸟、树木画像砖 …… 300
21. 武士画像砖 …………………………………… 301
22. 武士、轺车、铺首、树木画像砖 …………… 301
23. 武士、青龙、白虎画像砖 …………………… 302
24. 文吏、青龙、白虎画像砖 …………………… 302
25. 武士、建筑、车马、毂骑、凤鸟铺首画像砖 … 303
26. 武士、建筑、凤鸟、铺首画像砖 …………… 304
27. 青龙、白虎、斗栱画像砖 …………………… 305
28. 青龙、白虎、玉璧画像砖 …………………… 307
29. 玉璧、铺首画像砖 …………………………… 308
30. 龙画像砖（1）………………………………… 309
31. 龙画像砖（2）………………………………… 310
32. 枭鸟、树木画像砖 …………………………… 310
33. 鹭鸟、树木画像砖 …………………………… 311
34. 毂骑、凤鸟、童子画像砖 …………………… 311
35. 凤鸟画像砖 …………………………………… 312

VII

洛阳西汉画像空心砖发现与研究

徐婵菲　刘　斌　赵晓军

引言

西汉时期政治统一，经济发展迅速，文化繁荣，是中国古代历史上一个非常重要的时期。西汉时期的墓葬包含了丰富的有关当时社会生活的实物信息，是全面了解西汉历史的重要资料。考古工作发掘了大量的西汉墓，墓葬的种类主要有木椁墓、土洞墓、空心砖墓、小砖室墓、石室墓等。其中空心砖墓是西汉墓中极其重要的一种，在古代墓葬发展史中具有重大意义。

空心砖墓是指用空心砖或以空心砖为主要建筑材料构筑的墓葬。它出现于战国中期，西汉时期在中原和关中一带大量流行，到东汉时即告绝迹。目前，河南、陕西、山西、山东、湖北等省均发现有西汉空心砖墓，河南省发现的数量最多。空心砖墓中有一类画像空心砖墓，即建墓所用的部分空心砖上面装饰有画像，画像内容有人物、动物、植物、建筑物、车马等。砖上的画像为研究西汉时期的物质文化和精神文化提供了珍贵的资料。

洛阳是西汉空心砖墓的重要分布区域，不仅发现了大量的空心砖墓，而且还出土了成百上千块画像空心砖。洛阳画像空心砖发现于20世纪20年代，大量出土是在1925~1932年，其时中国社会动荡不安，文物惨遭浩劫，被盗掘毁坏的空心砖墓难以计数，墓中出土的画像空心砖因受到古董商和收藏家的青睐，被高价求购，致使大量精品流失海外。同时画像空心砖的出土也意味着墓葬的消失。20世纪50年代以来，尽管洛阳地区发掘了数百座空心砖墓，但画像砖墓寥寥无几。有关洛阳画像空心砖和画像空心砖墓尚有许多问题没有解决，如画像空心砖墓的形制，阴纹和阳纹画像砖的流行时间，形制特殊的画像砖在墓中的位置和放置方式等。本书通过对早年盗掘出土的画像空心砖的收集、整理，结合考古资料，用考古类型学的方法对上述问题进行讨论研究。

在讨论之前，有几个概念需要说明。

空心砖，是指以泥土为原料烧制的内部空心的陶砖。其特征主要有四点：一是体量大，砖长 0.5~1.9 米，最长可达 2.1 米，宽 0.2~0.62 米，最宽达 0.82 米，厚 0.1~0.2 米；二是内部空虚，因体量宏大，为减轻重量和防止焙烧时开裂，砖体内部做成空心；三是形状多样，有形状规则的长方形、三角形、梯形、扇形等，也有形状不规则的，形状不同，在墓室中的部位与用途也不同；四是砖面上装饰有花纹，花纹的种类很复杂，大致可以分为几何图案和画像两大类。通常说的空心砖一般是指装饰有几何图案的砖。

空心砖一般由两个宽面、两个窄面和两个小面等六个面组成，分别称之为主面、侧面和端面。花纹通常装饰在主面上，少数砖的侧面也有花纹。砖上的花纹根据部位不同有不同的名称，施于主面边缘的，称"边纹"；施于主面边纹之内的，称"心纹"；施于侧面的，称"侧纹"。端面有圆形或方形的孔洞。

画像空心砖，是指砖上除有几何图案外还有画像的空心砖。广义的画像空心砖，根据画像的制作方式不同分为两种，一种是用毛笔或尖锐的利器刻绘的画像，另一种是用印模模印的画像，这里研究的对象是后者。画像的种类有人物、动物、植物、建筑物、车马、钱币等。为和单纯用几何纹空心砖构筑的空心砖墓相区别，把墓中有画像空心砖的墓称为画像空心砖墓。画像空心砖墓是一种比较特殊的空心砖墓，其特殊之处在于空心砖上的画像所具有的研究价值和艺术价值。

空心砖墓室一般由墓门、墓壁、上顶、下底四部分构成，构筑各部分的空心砖分别称为门砖、壁砖、顶砖和地砖。门砖包括门框砖、门楣砖和门槛砖，壁砖包括左壁砖、右壁砖、后壁砖和山墙砖。

洛阳西汉空心砖墓的发现与研究

壹

一、洛阳西汉空心砖墓的发现

洛阳西汉空心砖墓的发现历史可分为古代与近现代两个阶段，古代是指汉代以后至清代末，这一时期的发现是零星的；近现代是指从清末到现在，空心砖墓基本都发现于此阶段。

（一）古代的发现

有关汉代空心砖的著录始见于明代的文献。明人王士性的《广志绎》卷三有："洛阳水土深厚，葬者至四五丈而不及泉……周、秦、汉王侯将相多葬北邙……郭公砖长数尺，空其中，亦以甃冢壁，能使千载不还于土……今吴、越称以琴砖，宝之，而洛阳巨细家墙趾无不有之也。"[1]明人曹昭的《格古要论》卷之中有："琴卓需用维摩样，高二尺八寸，可入膝于桌下，阔可容三琴，长过琴一尺许。卓面郭公砖最佳，玛瑙石、南阳石、永石者尤好……"[2]两书中所说的"郭公砖""琴砖"均是指空心砖。[3]"洛阳巨细家墙趾无不有之也"，说明空心砖在明代不仅被发现和利用，而且还有一定的数量。

现代考古发现不仅证实了明代文献记载的真实性，而且将空心砖墓的发现历史提早一千年。2022年，考古人员在洛阳邙山上发现一座西晋砖室墓（编号为钻M53）。墓室四壁是用空心砖砌建的，四壁残存有30多块空心砖，其中的十多块比较完整（图一、图二）。[4]空心砖的规格和其上的花纹多种多样，

洛阳西汉画像空心砖发现与研究

图一　钻 M53 西晋墓　　　　　　　　　　图二　钻 M53 西晋墓东壁

表明砖的来源情况十分复杂。它们很有可能出自多座汉墓。洛阳发掘的多座明清墓葬中也出土有空心砖，如 2009 年洛阳道北二路发掘的 3 座明墓均出土有空心砖；[5] 2012 年，老城区苗南村东南明代沈应时家族墓地中一座编号为 IM4180 的墓也出土有空心砖（图三）；[6]

图三　IM4180 用以封门的空心砖

006

2019年，洛阳瀍河小李村附近发掘的编号为 M13 的明清墓出土了 2 块模印有白虎和凤鸟画像的画像空心砖（图四、五）[7]。

图四　小李村明清墓全貌

图五　用以封门的画像空心砖

（二）近现代的发现

空心砖墓的大量发现是在近现代，即 20 世纪初至 21 世纪 20 年代的一百余年中。这一阶段以 1949 年为界限，之前为盗掘，之后主要是考古发掘。

1. 1949 年之前

20 世纪初至 1949 年，洛阳地区盗墓成风。"盗墓风自民国初年兴起到洛阳解放告终，四十年内没有停止。其间以民国十年至民国十七八年军阀混战时期和日伪时期最甚，遍及洛阳全境"。[8] 引发洛阳盗墓风盛的原因是修筑铁路。1905 年 6 月，清政府与比利时铁路合股公司订立借款合同修建的汴洛铁路开工，至 1909 年 12 月正式通车，其线路由开封至洛阳东站。1913 年 5 月，北洋政府和比利时电车铁路公司签订陇海铁路借款合同，洛阳至观音堂段开工，1915 年 9 月完工。铁路通过的洛阳邙山，为历代帝王、官僚、地主、庶民埋葬之地。修筑铁路期间，因工程动土，毁坏了一批古墓。"一九〇五年以后几年，汴洛铁路开始建筑时，洛阳附近古迹被发掘者甚多，引起外人技师等的注意。西欧人士既多争搜集，中国市场上商贾遂大事搜索以求售。其结果引起多方的注意，去专事发掘，而古明器之流出国外者日众"。[9] 这一时期被盗掘的古墓不可计数。"清末民初，战事频繁，村民之贫穷者，或盗掘，或辟墓为田，又以民国十七八年前后，准许人民自由掘墓。所余古墓，几被盗尽。今者，即有墓亦多为空墓，墓之存者，亦寥寥矣"。[10] 筑路时被毁坏的古墓中有没有空心砖墓，因缺少记录，已很难确知。

据现有资料，洛阳西汉空心砖墓被盗掘的时间最早可追至1916年。1916年，在洛阳一个名曰"八里窑"的地方，一座空心砖墓遭到盗掘。在开封古董商人刘鼎方的监督下，上面绘有壁画的一组五块空心砖被拆卸下来，卖给上海商人，几经辗转，这些壁画空心砖最终于1924年入藏美国波士顿美术馆。[11] 之后又有一座西汉空心砖墓被盗，盗掘时间和地点不详，墓中一组三块壁画空心砖在1927年被英国大英博物馆收藏。[12] 由加拿大传教士怀履光的《中国古墓砖图考》可知，1925～1932年仅在今汉魏洛阳故城东北就有一批空心砖墓被盗掘，出土了数百块画像空心砖。[13] 郭若愚说当时出土的画像空心砖有二三百块。[14] 现代考古资料显示，单座空心砖墓中使用的画像空心砖的数量十分有限，多则十几块，少则两块。即便如郭若愚所说出土的数量只有二三百块，那么被盗掘毁坏的空心砖墓的数量也是相当惊人的。而该记录反映的仅是1925年至1932年发生在洛阳汉魏故城周边的情况，其他时段和地方的情形因无记录难以知晓。

1930年，民国政府颁布了《古物保护法》，1931年7月3日颁布的《古物保护法施行细则》付诸实施。《古物保护法》在阻止文物流失海外方面起到一定的作用，但在遏制盗墓方面收效甚微，洛阳民间盗墓依然十分猖獗。于是，在1935年12月，政府发布公告："洛阳为历代故都，名胜古迹，遍地皆是，尤以帝王陵寝，先贤丘墓，丰碑高冢，远近相望……乃近有不逞之徒，专以盗墓为事，昏夜聚众，列炬持械，任意发掘，冀获微利，不惟残及白骨，抑且影响治安，近更变本加厉，益肆披猖，入土新柩，亦遭盗发，抛露棺椁，残毁尸骸……洛区专署，洞悉此等劣风，殊属穷凶极恶，若不严加制止，何以安幽魂而存遗迹，顷特剀切布告禁绝，并派员负责缉查，务祈彻底遏止。"[15] 但盗墓活动直到1948年11月前从未停止。

1948年4月8日，中国人民解放军解放洛阳。刚刚解放时，仍有少数人在邙山盗掘坟墓。为禁绝这种非法行为，市政府于1948年11月26日发布《为保护历代古墓的布告》。从此，在洛阳经历了半个世纪的普遍的盗墓行径宣告结束。[16]

2. 1949年之后

为配合城市基本建设，考古人员在洛阳市区及周边县城发掘了数以千计的西汉墓，其中不少为空心砖墓。以发现时间为序列述如下。

20世纪50年代考古发掘的空心砖墓数量为74座：1952～1953年，在洛阳烧沟村发掘22座空心砖墓，年代为西汉中期和晚期。[17] 1954年，在涧西周山清理空心砖墓25座，年代为西汉早期。[18] 1957年，在新安县铁门镇发掘10座空心砖墓，年代为西汉早期和中期。[19] 1957～1958年，在洛阳西郊发掘15座，年代为西汉中期和晚期；[20] 在洛阳老城西北郊发掘1座空心砖壁画墓（61号），年代为西汉晚期。[21] 1959年，在洛阳烧沟西侧清理1座空心砖墓，年代为西汉中期。[22]

70年代有3座：1974年，在老城西北、烧沟墓群西发掘1座西汉墓（C1M35），年代为西汉晚期。[23]1976年，在洛阳老城西北、烧沟村西发掘1座空心砖壁画墓（卜千秋墓），年代为西汉中期稍后。[24]1978年，在洛阳金谷园村发掘1座空心砖壁画墓，年代为新莽时期。[25]

80年代有3座：1985年，在宜阳县牌窑村发掘1座画像空心砖墓，年代为西汉中期稍后。[26]1986年，在洛阳金谷园西路发掘1座空心砖墓（HM1），年代为西汉中期稍后。[27]1987年，在洛阳陇海铁路北陵园路西侧发掘1座空心砖墓（IM45），年代为西汉早期。[28]

90年代有9座：1991年，在洛阳市浅井头村发掘1座空心砖壁画墓（浅井头墓），年代为西汉晚期；[29]在偃师南蔡庄辛村发掘1座空心砖壁画墓（辛村墓），年代为新莽时期。[30]1996年，在洛阳北郊邮电局宿舍楼发掘1座空心砖墓（C8M574），年代为西汉早期。[31]1997年，在邙山史家屯北发掘5座空心砖墓，年代为西汉早期和中期。[32]1998年，在洛阳吉利区发掘1座空心砖墓（C9M2441），年代为西汉晚期。[33]

21世纪初有5座：2000年，在吉利区炼油厂发掘1座空心砖墓（C9M2365），年代为西汉中期偏晚。[34]2002年，在洛阳火车站发掘1座空心砖墓（IM1779），年代为西汉中期稍晚。[35]2003年，在洛阳市道北春都路与苗南路交叉口东北发掘1座空心砖墓（IM1835），年代为西汉晚期。[36]2004年，在洛阳道北春都集团花园小区发掘1座空心砖墓（IM2354），年代为西汉晚期。[37]2009年，在洛阳市洛龙区公务员小区发掘1座壁画墓（M25），年代为西汉晚期。[38]

21世纪10年代有24座：2013年，在洛阳邙山镇苗南村发掘1座空心砖墓（IM3483），年代为西汉早期；[39]在邙山镇苗南村状元红路与陵园路交叉口发掘21座空心砖墓，年代为西汉早期和中期。[40]2018～2019年，在洛阳市纱厂路与棉麻路东北部发掘2座空心砖墓，年代为西汉中期偏晚。[41]

以上墓葬共计118座。

近年来，还有一些发掘材料未整理发布的墓葬，在此略作统计。

1986年在偃师后杜楼村发掘10余座空心砖墓。[42]2012年，在偃师市北环路以南、工业园区规划路以西、陇海铁路以北发掘9座西汉墓，其中有空心砖墓，数量不详，年代为西汉中晚期。2012～2013年，在洛阳市老城区定鼎北路西侧发掘2座空心砖墓，年代为西汉早期。2013年，在洛阳市孟津县平乐镇的国道310改扩建工程中，发掘有空心砖墓，数量不详；在偃师李村镇伊洛大道发掘西汉墓21座，年代为西汉中晚期。[43]2013～2014年，在史家屯村发掘40余座空心砖墓；2015年，在偃师市首阳山镇保庄村东北国道310扩建中，发掘1座空心砖墓（M16），时代为新莽时期。2019年～2020年，在史家屯工地发掘一批空心砖墓，数量不详，其中两座编号为M190和M193的空心砖墓中出土画像空心砖。2019～2021年，在金谷园火车站南广场发掘11座空心砖墓，其中一座是壁画空心砖墓。2021年在洛阳孟津县会盟镇李家庄村发掘39座空心砖墓。2021～2022年在洛阳伊滨区李村职业技术学院发掘39座空心砖墓。2022年在孟津范村发掘27座空心砖墓。[44]

以上资料中空心砖墓的数量为190座（仅统计有具体数字的墓葬）。

上述统计资料显示，洛阳发掘的西汉空心砖墓超过300座，详细公布资料或公布基本材料的墓葬有104座。这些墓葬为研究洛阳西汉空心砖墓的发展、演变提供了基础性资料。

二、洛阳西汉空心砖墓的研究

（一）墓葬资料列举

本文用以研究的空心砖墓有104座，其中大部分墓葬资料已经公布，少数墓葬为近几年发掘，资料正在整理中。

墓葬的年代以报告断代为准。由考古报告可知，洛阳空心砖墓的流行时间是西汉时期（含新莽），其间又分为早、中、晚三期。早期约为西汉初至武帝元狩五年（公元前202～公元前118年）；中期相当于烧沟汉墓第一期，约武帝至宣帝（公元前118～公元前65年）；晚期相当于烧沟汉墓第二、三期，约宣帝至王莽、光武帝（公元前64～公元39年）。104座墓中早期墓有46座，中期有26座，晚期有32座（附表1～3）。

现举例介绍如下。

1. 西汉早期墓

（1）孟津会盟镇李家庄村黄河河道空心砖墓[45]

2020年12月初，在黄河河道内发现古墓群，其中西汉空心砖墓有39座，16座保存较好。墓葬均为洞室墓，由墓道、土洞和墓室组成。由于河水冲刷毁坏，墓道部分均未清理。土洞均为长方形，系在墓道一侧转折向内掏挖而成，在土洞中用空心砖砌建墓室。墓室平面为长方形，皆为平顶单棺室。墓室构筑方式为墓底横向平铺一层空心砖，于地砖上垒砌空心砖形成四壁，墓顶平铺一层空心砖盖顶。有的墓前部开设墓门，有的墓无墓门。

C10M1146

方向5°。墓道宽约0.78米。土洞长3.55、宽1.36米。砖室长2.98、宽0.96米，残存深度1.02米。

墓顶用8块空心砖平盖。北部开设墓门，墓门设施仅存两侧门框砖，框砖断面呈"凵"形，两砖相距0.77米。东、西两壁各用4块空心砖侧立叠砌，上、下层砖不错缝。后壁用2块空心砖侧立叠砌。底部横铺12块空心砖。

图六　门框砖形制与放置方式

顶砖长1.02～1.05、宽0.36、厚0.13米。门框砖高1.02米，由两块宽度相同（0.29米）、高度相差0.01米的长方形砖构成。东、西壁砖长1.5、宽0.5～0.52、厚0.14米。后壁砖长1.24、宽0.5～0.52、厚0.14米。地砖长1.24、宽0.14～0.3、厚0.14米。砖上纹饰有柿蒂纹、卷云纹和菱形纹（图六）。

人骨、葬具皆无。

随葬器物均放置在墓底北部，计有17件，皆为陶器。有鼎2件、敦2件、壶4件、罐1件、马俑4件、人俑4件（图七、八）。

图八　C10M1146 出土的陶马

图七　C10M1146 出土的陶人俑

C10M1121

方向 5°。墓道宽约 1.04 米。土洞长 2.98、宽 1.36 米。砖室长 2.63、宽 1 米，残存深度 1 米。

底部横向平铺 6 块空心砖，东、西两壁各用 4 块空心砖侧立叠砌 2 层，上、下层砖错缝，前、后壁侧立叠砌 2 层空心砖。东、西壁砖长 1.2～1.42、宽 0.5、厚 0.14 米，后壁砖长 1.28、宽 0.5、厚 0.14 米，前壁砖长 1、宽 0.5、厚 0.14 米，地砖长 1.48、宽 0.45～0.5、厚 0.13 米。

人骨、葬具皆无。

墓室北端出土陶罐 2 件。

李家庄村黄河河道空心砖墓，皆为平顶单棺室墓。砖室长通常为两砖顺置相接的长度，个别墓由 3 块空心砖（2 顺 1 立）构成。空心砖砖形有长方形砖、方形或"凵"形门框砖。左右壁砖较长，有 13 座墓的左、右壁砖长度超过 1.4 米（附表 4）。空心砖上花纹的种类有柿蒂纹、卷云纹、斜线纹和菱形纹。

（2）陵园路空心砖墓[46]

2013 年，在陵园路一带发掘清理一批空心砖墓，其中 16 座为西汉早期墓。

C8M1630

方向 180°。墓道为长方形竖井式，长 3、宽 1.86、深 7.5 米。墓道西壁开有一长方形土洞耳室。墓室用空心砖砌成，长 3.8、宽 1.36、高 1.1 米，顶部坍塌。墓底部用 11 块空心砖平铺，砖长 1.13、宽 0.35、厚 0.13 米。墓门已残，仅余底部的门槛砖，长 1.82、宽 0.2、厚 0.15 米。东、西两壁分别用 4 块空心砖侧立叠砌而成，砖宽 0.55、厚 0.14 米，砖长 1.78 米和 2 米，长度相同的砖上下叠压，故而上、下层壁砖不错缝。北壁用两块长 1.64、宽 0.62、厚 0.14 米的空心砖侧立叠砌。东壁空心砖上有朱书文字。空心砖上的花纹有柿蒂纹、斜绳纹。（图九、一〇）

葬具及人骨已朽，应为单棺，葬式不明。

随葬器物有 20 件套，放置在墓室后部和耳室中，有彩绘大陶壶 3 件、彩绘小陶壶 2 件、陶俑头 1 件、陶俑 2 件、陶马首 1 件、陶钵 2 件、铁剑 1 件、铜鼎 2 件、铜镜 1 件、铜环 1 件、铜钥匙 1 件、石砚 1 套、铅器 1 件、蚌壳 1 件。

图九　C8M1630 发掘场景

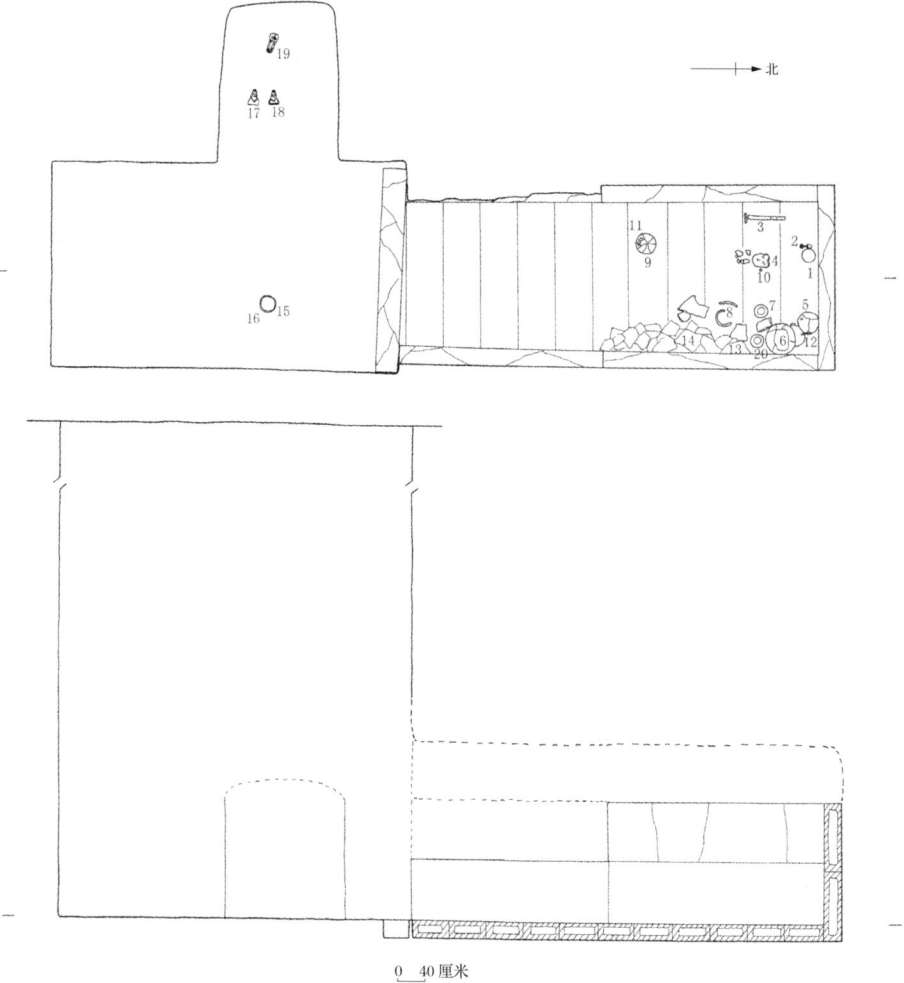

图一〇　C8M1630 平、剖面图

上编　壹 洛阳西汉空心砖墓的发现与研究

图一一　C8M1631（上方）与C8M1630位置关系

C8M1631

在C8M1630西侧，两墓紧邻（图一一），方向180°。墓道为长方形竖井式，长3.2、宽2、深7.6米。墓道东壁开有一长方形土洞耳室。墓室用空心砖砌成，长3.4、宽1.26、高1.65米。墓底部用11块长1.04、宽0.31、厚0.15米的空心砖平铺。封门已残，未见空心砖。东、西两壁分别用4块空心砖侧立叠砌而成，砖宽0.82、厚0.15米，砖长1.6米和1.8米，上、下层壁砖不错缝。北壁用2块空心砖侧立叠砌，砖长1.56、宽0.82、厚0.16米。在墓壁的空心砖上有朱书文字（图一二）。

葬具及人骨已朽，应为单棺，葬式不明。

随葬器物共计26件，有彩绘陶鼎2件、彩绘陶敦2件、彩绘小陶壶2件、陶俑头12件、陶发髻4件、陶龙首1件、铜铃1件，铅饰1件，串饰1件。

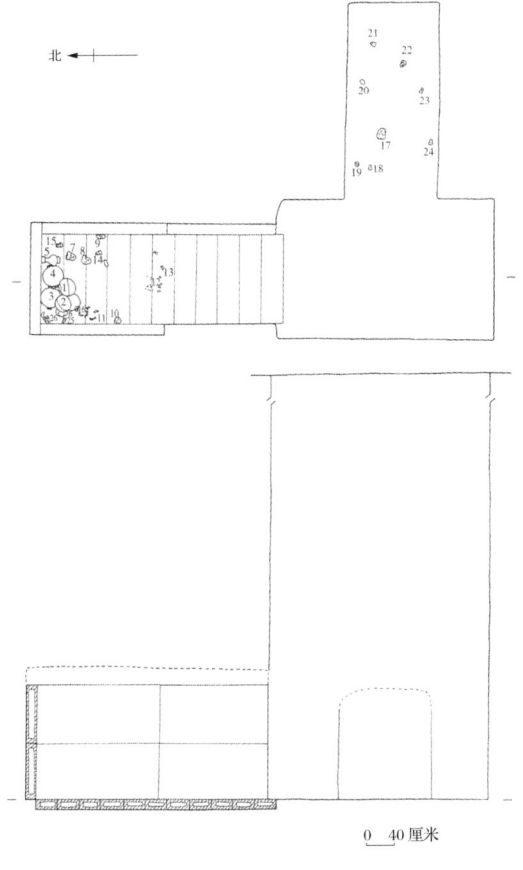

图一二　C8M1631平、剖面图

C8M1632

方向180°。墓道为长方形竖井式，长3、宽1.4米。墓室用空心砖砌成，长4.26、宽1.56、残高1.4米。墓底部用11块空心砖平铺，砖长约1.56、厚0.16米，其中9块宽0.4米，2块宽0.3米。墓门已残，仅余两侧的门框砖，砖高1.08、宽0.16、厚0.14米。东西两壁分别用4块长约2.05、宽0.65、厚0.16米的空心砖侧立砌成。北壁用2块长1.52、宽0.65、厚0.16米的空心砖叠砌（图一三）。

葬具及人骨已朽，应为单棺，葬式不明。

随葬器物有25件，有陶鼎2件、陶敦2件、大陶壶2件、小陶壶2件、陶俑头5件、陶半身俑2件、

图一三　C8M1632发掘场景

陶俑3件、陶发髻2件、陶马首3件，铜饰1件，铁剑1件。

陵园路空心砖墓，皆为平顶单棺室墓，有5座墓有耳室，其中4座墓的耳室在墓道上。墓室前部均有墓门设施，左、右墓壁上下层砖均不错缝。空心砖砖形有长方形和柱形两种。壁砖体量很大，特别是左、右壁砖，M1630、M1632两墓的左右壁砖长度为2米和2.05米，M1631壁砖宽0.82米。16座墓中，左、右壁砖长度超过1.4米的有14座（附表5），所占比例高达87%。

（3）新安县铁门镇空心砖墓

1957年，在新安县铁门镇发掘10座空心砖墓，其中9座墓为西汉早期。

墓葬皆有竖井式墓道，在墓道一端凿一长方形土洞，土洞内用空心砖砌筑墓室。墓室皆为长方形平顶单棺室。其结构为，前端开墓门，两侧有用2块长方形空心砖竖立作为门框的，也有用特制的3根方柱形空心砖竖立墓门两侧和横置顶端作为门楣构成门框的。左、右壁皆为6块空心砖侧立三层、每层用2块相接而成。后壁用3块空心砖侧立三层相堵。墓室顶部、底部皆用空心砖横列平铺（图一四）。

9座墓中的M3、M6、M14、M28、M33、M37等6座是单人单棺墓，葬式为仰身直肢葬，其余3座墓葬具及人骨已朽，情况不明。

随葬品有陶鼎、陶敦、陶壶、陶罐、陶釜、陶甑、陶俑头等，大都有彩绘。

报告中没有给出空心砖的尺寸，根据墓室的长度、宽度和结构，可大概推知部分空心砖的长度和宽度，左右壁砖的长度约为1.2～1.9米，长度在1.4米以上的墓有6座，后壁砖的长度约为0.87～1.7米。

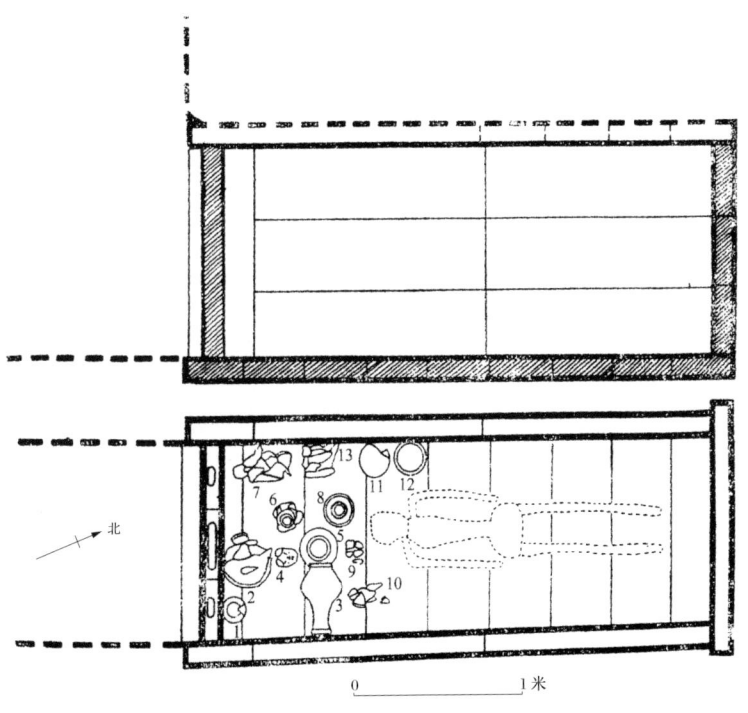

图一四　新安县铁门镇M14平、剖面图

（4）苗南村空心砖墓（IM3483）

2013年，在苗南村（陵园路附近）发掘1座西汉墓，编号IM3483（图一五）。

墓由墓道、墓室组成，方向180°。墓道为长方形竖井式，长2.2、宽0.8、深6.8米。墓室长方形，用空心砖砌成，平顶，长3.2、宽1、高1.06米。南部设墓门，门框、门楣用柱形砖砌成，墓门用2块空心砖封堵。北壁用2块空心砖（长约1米）侧立叠砌而成。东、西两壁各用4块空心砖侧立叠砌而成，砖长1.6、宽0.52、厚0.12米，上、下层砖不错缝。墓顶、墓底平铺一层砖，砖长1、宽0.3、厚0.1米。

室内不见骨殖与棺痕。

随葬器物有15件，有彩绘陶鼎2件、彩绘陶敦2件、彩绘大陶壶2件、彩绘小陶壶2件、陶俑头2件、陶发髻2件、彩绘陶龙首1件、陶釜1件，铁勺1件。

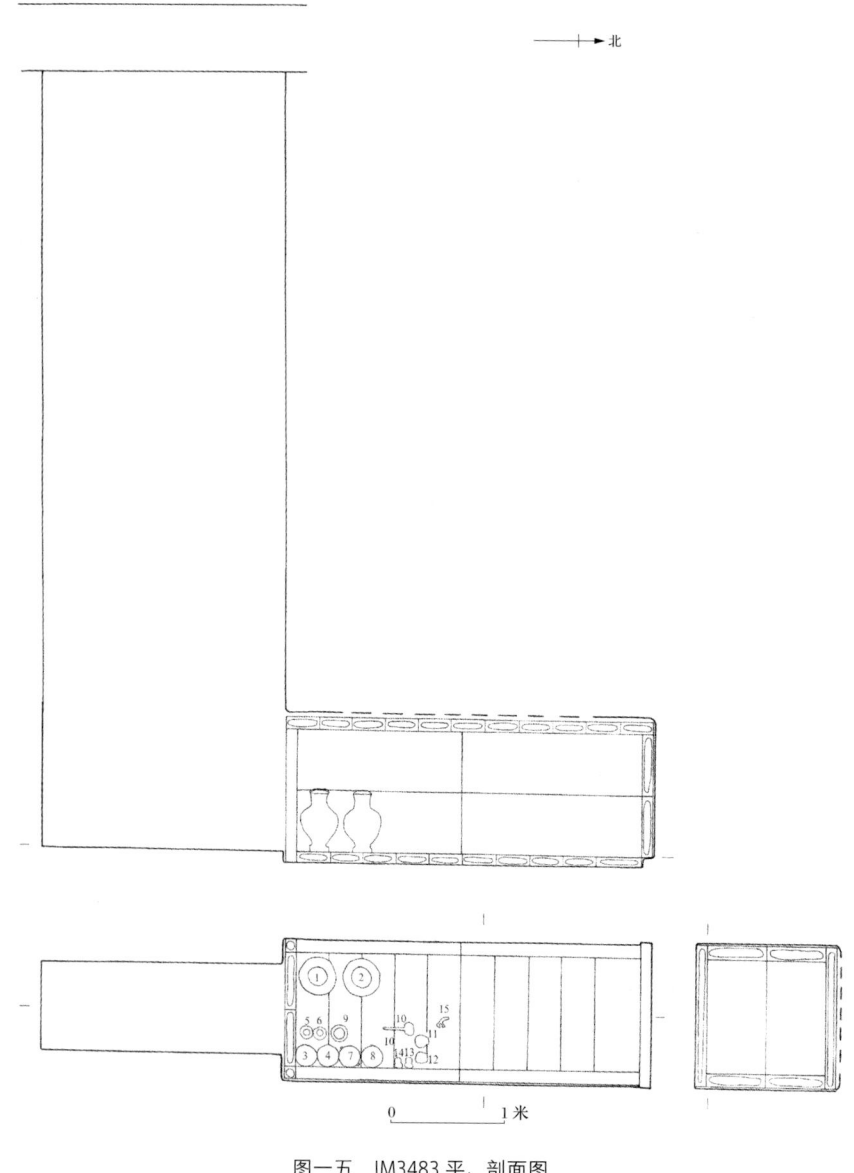

图一五 IM3483平、剖面图

（5）北邙空心砖墓（IM45）

1987 年，在陇海铁路以北、陵园路西发掘一座空心砖墓，编号 IM45（**图一六**）。

墓向为 5°。墓由竖穴土圹和空心砖室组成，土圹口长 3.5、宽 1.68、距地表 1.5 米，底长 3.4、宽 1.6、距地表 8 米。砖室长方形，长 2.88、宽 1.16、高 1.5 米，由 64 块空心砖砌成。东、西两壁各用 4 块砖，上、下层壁砖不错缝，南北两端各用 2 块砖，均侧立叠砌，砖长 1.45、宽 0.55、厚 0.15 米。顶由 17 对柱形空心砖砌成人字形斜坡顶，砖长 0.93、宽 0.28、厚 0.18 米，砖的两端皆有榫口，一端与相对的顶砖相咬合，另一端衔接墓壁。在人字形顶上部的"V"形槽内，填 3 块三角形柱形砖。南北两端壁砖之上先砌 1 块长方形砖，砖长 1.2、宽 0.32、厚 0.14 米，然后再并排放置 2 块直角三角形砖，砖底长 0.6、高 0.4 米、厚 0.15 米。墓底由 9 块长方形砖并列横铺，砖长 1.42、宽 0.34、厚 0.15 米。空心砖上均饰柿蒂纹和粗绳纹。

墓内有木棺一具，已朽，棺外东侧有一儿童骨架。

随葬器物 11 件，置于墓内西北角及棺内，有铜盘 2 件、铜蒜头壶 1 件、铜洗 1 件、铜镞 5 件，璧形玉饰 1 件，铁条 1 件。

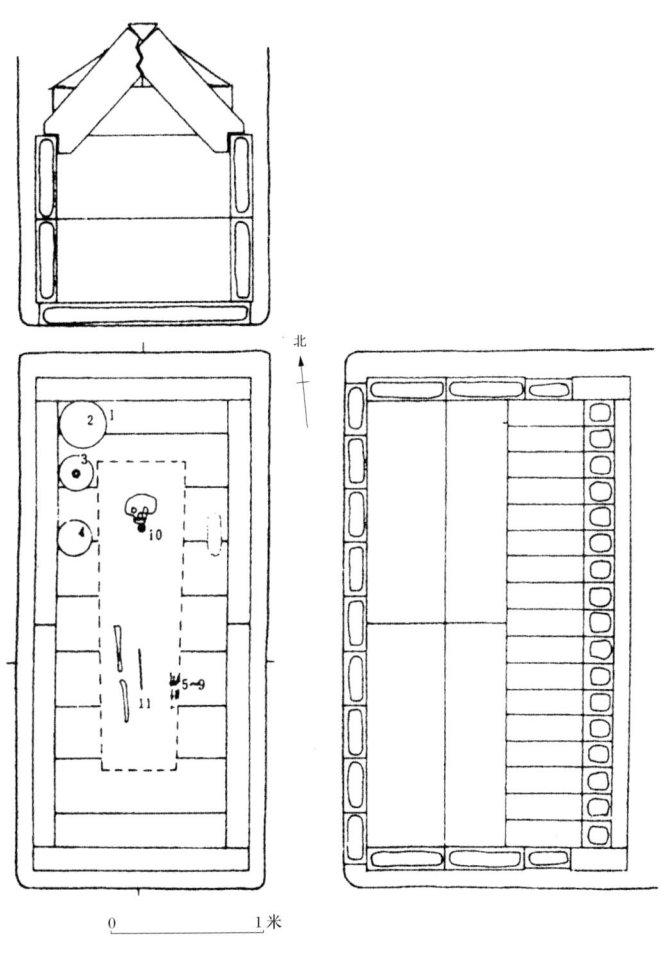

图一六 IM45 平、剖面图

（6）北郊（C8M574）空心砖墓

1996年，在洛阳市北郊清理1座空心砖墓，编号C8M574（图一七）。

方向为185°。墓由墓道、墓室组成。墓道为长方形竖井式，长3.3、宽1.4、深9.7米。墓道西壁有一长方形土洞耳室。墓室长方形，用空心砖砌成，平顶，长3.72、宽1.1～1.12、高1.06米。南部为墓门，门框、门楣为方柱形空心砖，墓门为2块竖立放置的长方形空心砖。北壁用2块空心砖侧立叠砌而成，东、西两壁北端各竖立1块空心砖，向南各用4块空心砖侧立叠砌二层，上、下层砖不错缝。墓顶、墓底各用11块较窄的长方形空心砖平铺。除门框、门楣的柱形砖表面有波折纹和乳丁纹外，其余皆为素面。

墓内不见骨架与棺痕。

随葬器物28件，有彩绘陶鼎2件、彩绘陶敦2件、彩绘陶钫2件、彩绘陶壶1件、陶俑头10件、陶发髻3件、陶马首4件、彩绘陶龙首1件、陶碗1件、铜带钩1件、铜环1件。

报告中没有给出空心砖的尺寸，根据墓室的长度、宽度和结构，可大概推知部分空心砖的长度，左、右壁砖长1.45米，后壁砖长约1.1米。

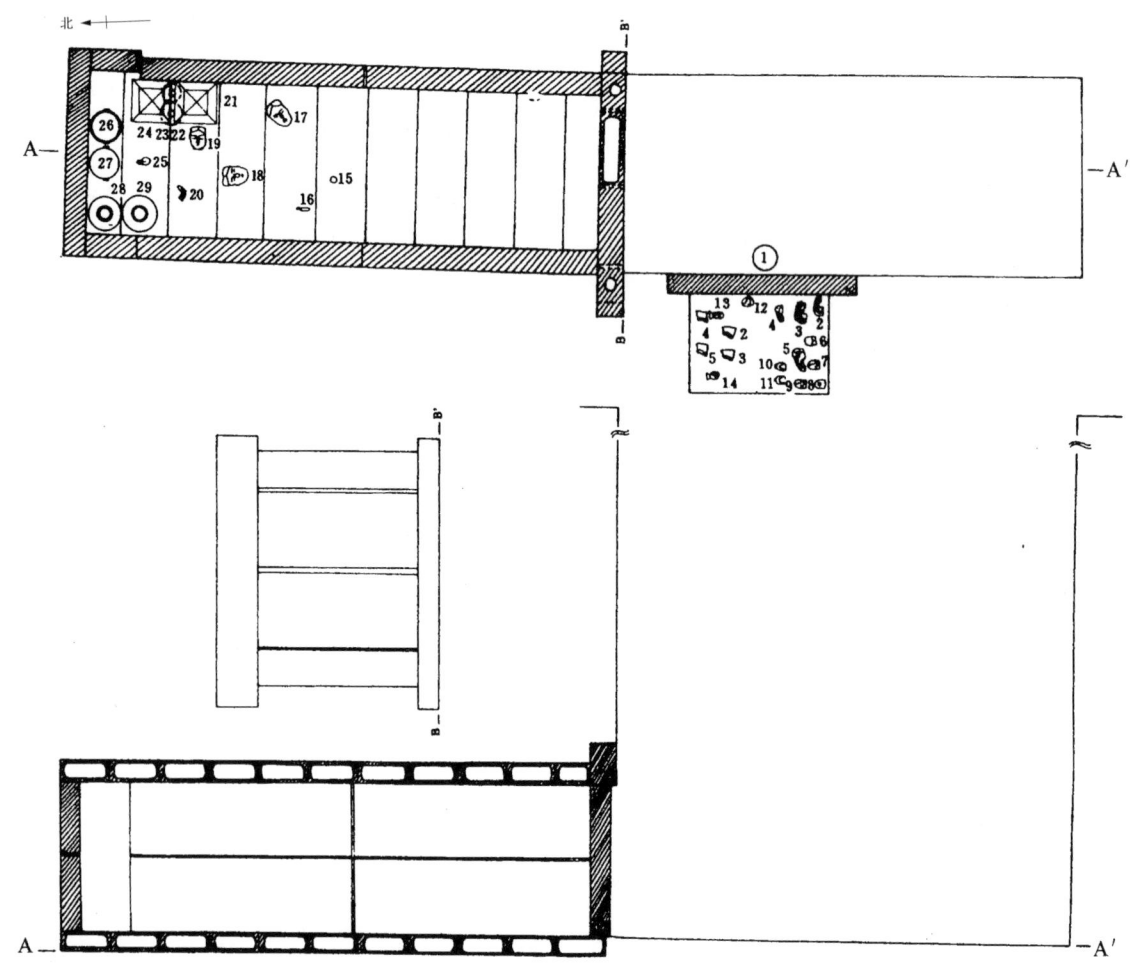

图一七　C8M574 平、剖面图

2. 西汉中期墓

（1）陵园路西汉空心砖墓

2013年，在陵园路一带发掘一批空心砖墓，其中有5座为中期墓。

图一八　C8M1642 发掘场景

C8M1642

方向90°。为两次造墓（图一八、一九）。墓道为长方形竖井式。首次造墓墓道长2.4、宽0.6、深7.6米。二次埋葬时将墓道北扩0.3～0.7米。首次葬墓用空心砖砌成，平顶，室长2.3、宽0.6、残高1.04米。墓门残，仅存北侧的门框和封门空心砖。左、右两壁分别用4块长1.14～1.16、宽0.52、厚约0.12米的空心砖垒砌，上、下层壁砖不错缝。北壁残存一块空心砖，长0.84、宽0.52、厚0.12米。墓底部用9块空心砖平铺，宽0.35、厚0.12米。二次造墓室为土洞，长2.2、宽0.7米。

葬具及人骨已朽，葬式不明。

随葬器物9件，多放于墓室口部，有陶罐5件、陶俑头1件、铜镜1件、铅饰1件、半两钱1枚。

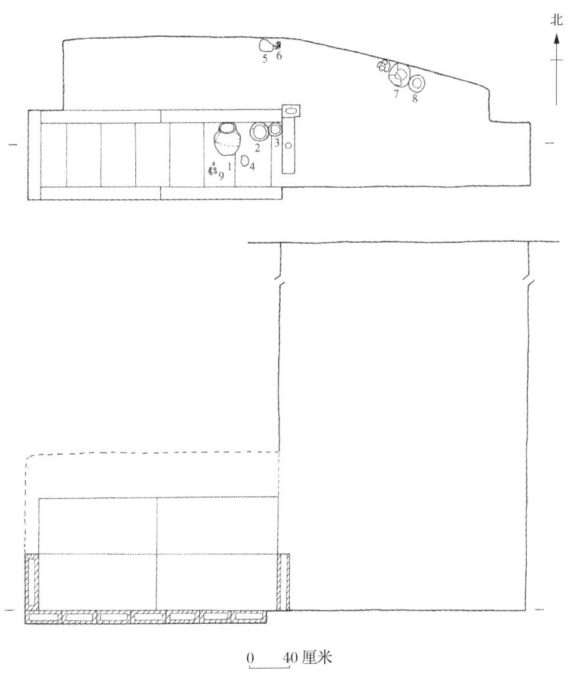

图一九　C8M1642 平、剖面图

C8M1644

方向 0°。墓道为长方形竖井式，长 2.6、宽 1 米（图二〇、二一）。墓室周围用空心砖垒砌，中间有一道空心砖墙将墓室分成两个棺室。东侧棺室长 2.7、宽 0.78 米，东壁仅存下层壁砖，由一长一短两砖相接而成，长砖长 1.14、宽 0.38、厚 0.1 米，短砖长 0.4 米，后壁砖长 1、宽 0.38、厚 0.1 米，西壁（即中间隔墙）用一短二长 3 块砖相接而成，砖的规格与东壁相同。西侧棺室长 2.7、宽 0.8 米，西壁由 2 块砖上下叠砌而成，砖长 1.5、宽 0.38、厚 0.1 米。两棺室底部均为 9 块空心砖平铺，用砖规格为长 0.76、宽 0.34、厚 0.1 米。棺室封门用 4 块空心砖并排直立，砖长 0.6、宽 0.42、厚 0.1 米。墓室的两侧各开一个耳室。两个耳室入口处均残存柱形空心砖门框。

该墓葬具及人骨已朽，葬式不明。

随葬器物 15 件，基本都放于耳室内，有陶瓮 1 件、陶罐 7 件、陶俑头 2 件、陶钵 2 件，还有铜镜 1 件、铜带钩 1 件、五铢钱 1 枚。

图二〇　C8M1644 发掘场景

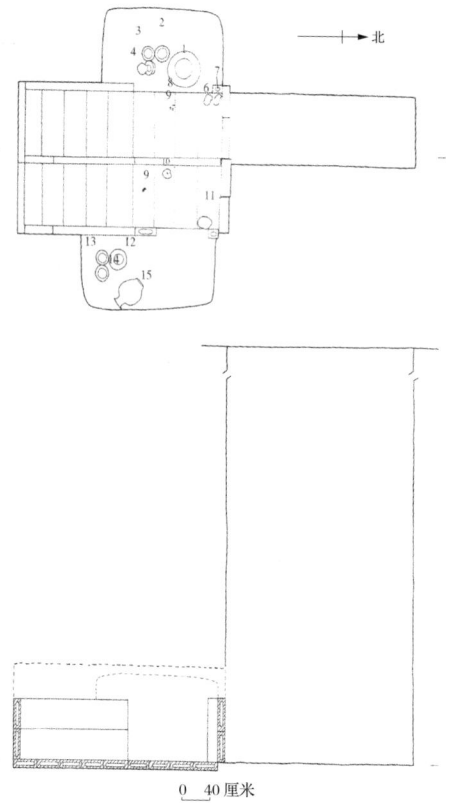

图二一　C8M1644 平、剖面图

C8M1674

方向180°。墓道为长方形竖井式，长2.3、宽0.9米。墓室长方形，墓顶塌落，长2.78、宽0.92、残高1米（图二二）。前壁开墓门，用2块空心砖竖立封门，砖高1.2、宽0.46、厚0.14米。左、右壁各用4块砖侧立叠砌而成，上、下层壁砖不错缝，砖长1.26～1.3、宽0.5、厚0.12米。后壁2块，侧立叠砌，砖长1.22、宽0.5、厚0.12米。底由9块空心砖并列横铺，砖长1、宽0.32～0.36、厚0.14米。

随葬陶罐4件。

陵园路5座墓，皆为平顶，2座单棺室墓，3座双棺室墓。单棺室墓的形制与早期墓相同，双棺室墓中C8M1642为两次造。除C8M1657和C8M1644西棺室西壁2块砖外，多数空心砖的长度为1.1～1.34米（附表6）。

图二二　C8M1674发掘场景

（2）西郊空心砖墓

1957～1958年，在洛阳西郊金谷园村发掘一批空心砖墓，其中有10座为中期墓。

M3119

方向356°。墓由墓道、墓室和耳室组成（图二三）。墓室周围主要用空心砖垒筑，后端间杂小砖，中间有墙相隔，但前端不及墓门，把墓室分成东西两棺室。东棺室长3.5、宽0.94米；西棺室长2.86、宽0.88米。东棺室的东、西壁用空心砖和小砖砌成。东壁先用4块空心砖、每层2块叠砌，其后再用小砖，西壁（即中墙，也是西棺室东墙）先用4块空心砖、每层2块叠砌，其后竖立1块空心砖。西棺室西壁用小砖砌成，后壁用2块空心砖叠砌。两棺室顶部由于用材及结构的不同，高度亦不一致。东棺室顶部于空心砖壁上全部改用小砖起券，高1.24米。西棺室顶部仍用空心砖平盖，高仅0.9米。两室均用空心砖铺底，近门处改用小砖。两棺室前部各有一耳室。

两棺室各置一棺。

随葬物品有18件。陶器有鼎1件、敦1件、壶4件、仓5件、罐5件，还有铁剑1件、五铢钱1枚。墓中使用的空心砖有长方形和柱形两种。根据墓室的长度、宽度和结构，可推知部分空心砖的长度为0.9米左右。

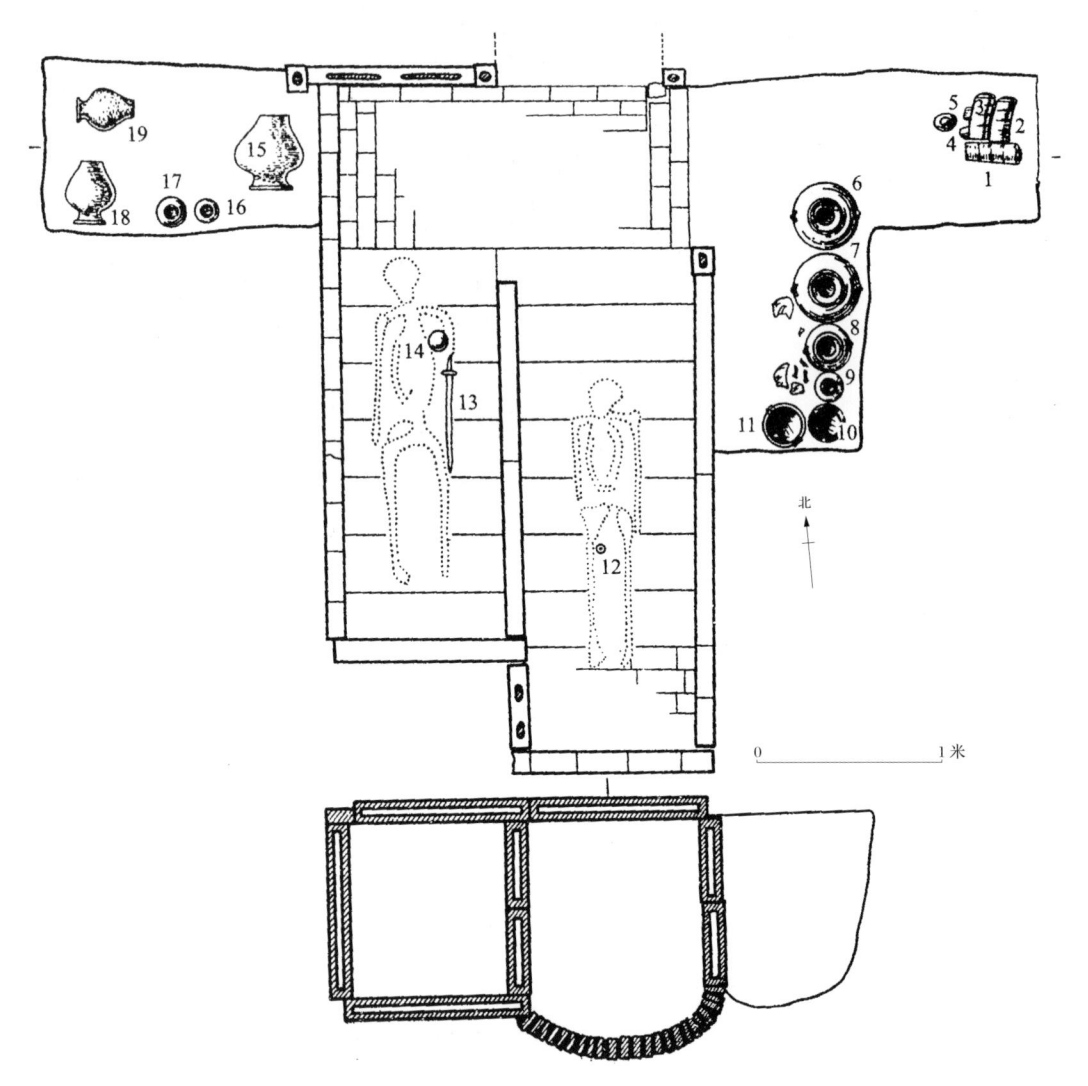

图二三　M3119平、剖面图

M3203

方向190°。墓由墓道、墓室和耳室组成（图二四）。墓室用空心砖垒筑，长3.8、宽2、高1.2米，室内无中墙。前部开墓门，在两侧柱形门框砖之间用两块竖立的空心砖封门。左、右两壁砌砖2层，每层3块，上、下层砖略微错缝。后壁用2块砖叠砌而成。空心砖长0.92、宽0.45、厚0.22米。墓顶在左右墓壁的空心砖上用小砖砌成券顶。底用小砖错缝平铺。墓室前部两侧设耳室。

随葬器物丰富。陶器有鼎2件、敦2件、壶16件、瓮1件、罐3件、碗2件、仓5件，铜器有铜洗1件、带钩1件、釜1件、铃1件、柿蒂形饰3件、五铢钱45枚、车马饰等，铁器有剑1件、刀1件。

10座墓中平顶墓8座，弧顶墓2座。弧顶墓的弧顶均为小砖券成（附表7）。空心砖砖形有柱形砖和长方形砖两种。长方形砖长0.92～1.2、宽0.45、厚0.22米。

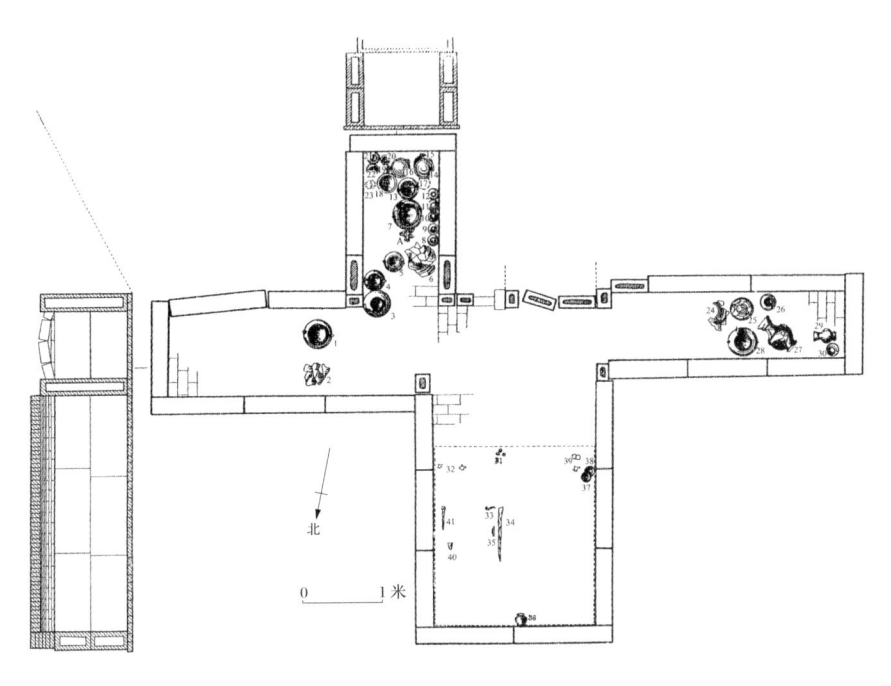

图二四 M3203平、剖面图

（3）吉利区空心砖墓（C9M2365）

2000年发现于黄河北岸吉利区炼油厂。

方向0°。墓由墓道、耳室和墓室组成（图二五）。墓道为长方形竖井式。墓室呈长方形，墓顶塌落，长3.6、宽2、残高1.36米。前壁未见空心砖。东壁用砖9块，西壁用砖6块，均侧立叠砌三层，上、下层壁砖不错缝，砖长1.26、宽0.45、厚0.12米。后壁用砖6块，侧立叠砌三层，砖长1、宽0.45、厚0.12米。底由9块空心砖并列横铺，砖长1.12、宽0.4、厚0.12米。西壁有一土洞耳室。空心砖正面均饰菱形纹。

葬具和骨架已朽，情况不明。

随葬器物12件，均为泥质红胎釉陶器，置于耳室中。有壶3件、罐4件、仓3件、盆1件、奁1件。

图二五　C9M2365 平、剖面图

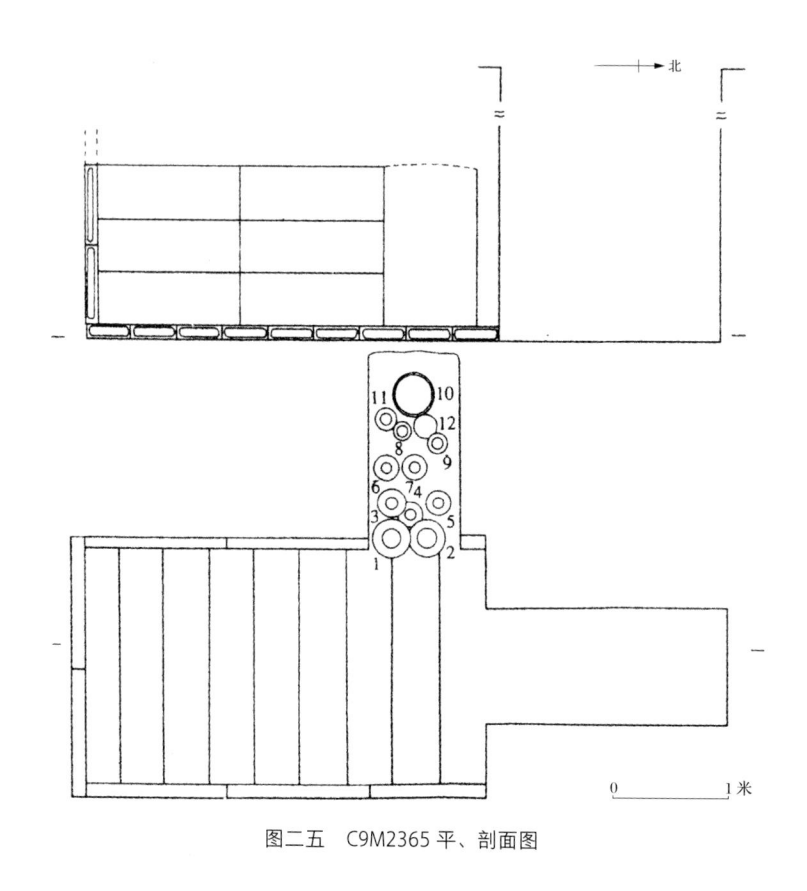

（4）金谷园空心砖墓（HM1）

1986 年，在金谷园车站西发掘一座西汉空心砖墓，编号 HM1。

方向 10°。墓由墓道、墓室和耳室组成，为平顶两次造空心砖墓（图二六）。墓道为长方形竖井式，长 2.2、宽 1.02、深 11.8 米。在墓道北端开凿土圹洞穴，土洞为弧形顶，南北长 3.8、宽 2.25、高 1.76 米。在土洞中用空心砖建墓室，墓室由左右二室构成，长短不齐，左室长 3.5、宽 1 米，右室长 3.2、宽 1.1 米。左、右、后壁用砖，长 1～1.1、宽 0.45、厚 0.14 米。两层壁砖之间错缝。顶、地砖长 1.1、宽 0.35、厚 0.14 米。壁砖上饰柿蒂纹，顶、地砖为素面。

出土器物。有铜温酒炉 2 件、铜灯 1 件、铜洗 2 件、铜蛙 4 件、铜印 1 件、铜器座 2 件、铜带钩 1 件、五铢钱 20 枚，鎏金铜饰 1 件、铁剑 1 件、铁刀 1 件、铁镢 1 件、陶壶 5 件、陶敦 3 件。

（5）邙山空心砖墓（IM1157）

1997 年发掘。方向 180°。墓道为长方形竖井式。墓室由一土洞和一空心砖室组成（图二七）。西室为空心砖墓室，长 2.5、宽 0.8、高 1 米。前部墓门由 1 块门砖、2 块门框砖构成。东、西壁各由 2 块砖相接而成（侧立一层）。后壁用 1 块砖封堵。顶部、底部各用 7 块砖平铺。顶砖、地砖长 0.8、宽 0.36、厚 0.12 米，壁砖长 1.1、宽 0.6、厚 0.12 米，柱砖高 0.68、宽 0.15、厚 0.12 米。东室为土洞，长 2.4、宽 0.66、高 0.6～0.8 米。空心砖正面均饰有菱形格子纹和交叉绳纹，其他面为素面。

随葬品有陶鼎、陶敦、陶罐、陶壶、铜带钩、俑头等 10 件。

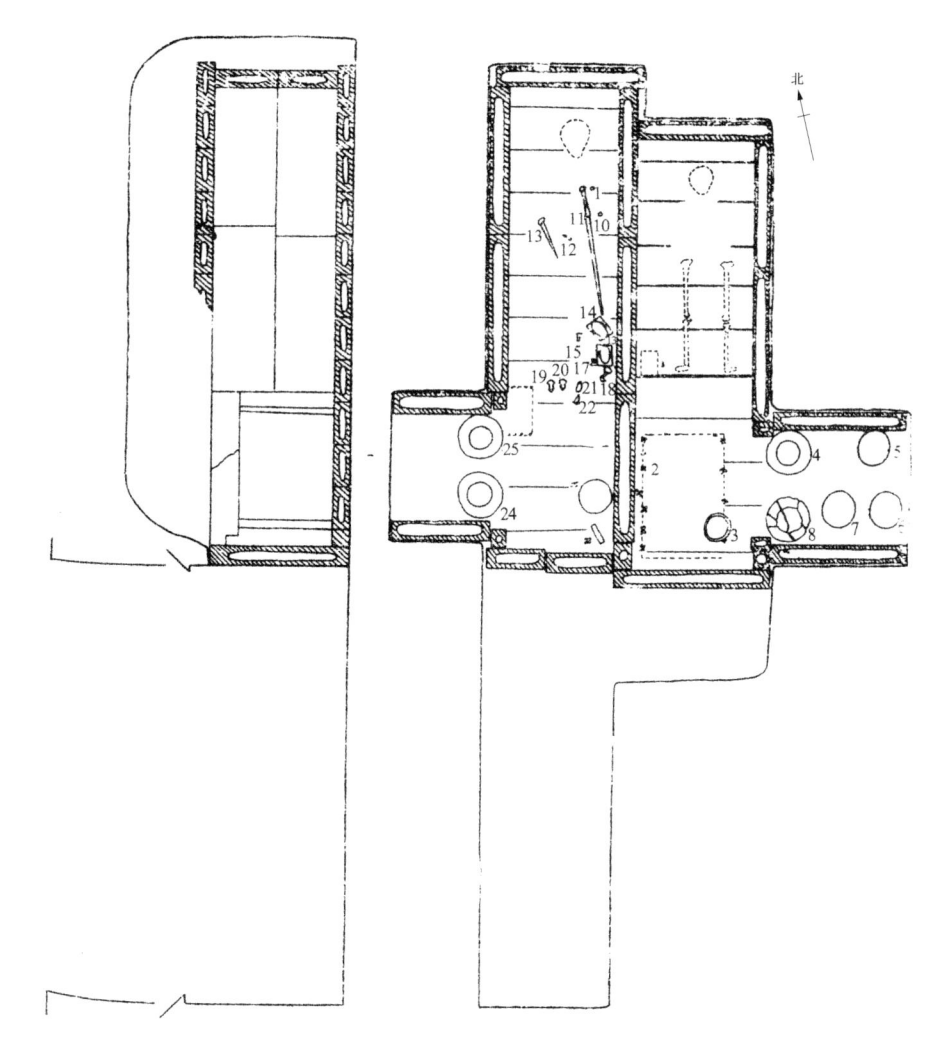

图二六　HM1 平、剖面图

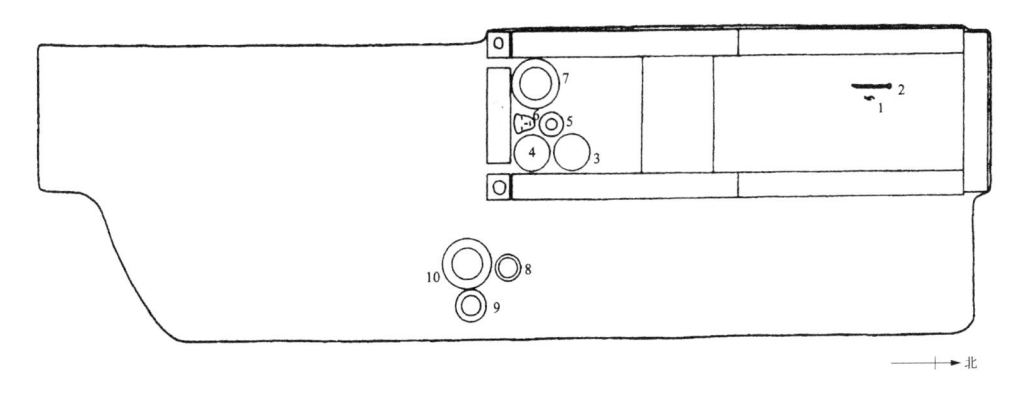

图二七　IM1157 平面图

（6）金谷园火车站空心砖墓（IM1779）

2002年，在金谷园车站西发掘1座西汉空心砖墓，编号IM1779。

方向273°。墓由墓道、耳室和墓室组成（图二八）。墓道为长方形竖井式，长2.78、宽1.03米。墓室为平顶单棺室，长3.78、宽1.3、高1.36米。墓门两侧各竖1块方形柱砖作门框，门框之上是1块横置的柱形空心砖作门楣，门框之间竖立2块长方形空心砖作门扉。墓室左、右壁各用4块和6块长方形砖侧立叠砌，其上再砌小砖4层。后壁用2块空心砖侧立叠砌，其上再砌小砖4层。底部和顶部用空心砖横置平铺。耳室在墓室南壁前端，长3.62、宽1.3、高1.26米，结构与墓室相同。

各种空心砖的尺寸：门框砖长1.05、宽0.12、厚0.11米。门楣砖长1.20、宽0.17、厚0.12米。门扉砖长1.15、宽0.45、厚0.12米。左右壁砖长1.18、宽0.4、厚0.12米。后壁砖长1.18、宽0.45、厚0.12米。顶砖、地砖长1.2、宽0.24、厚0.12米。

葬具和骨架已朽。

出土器物，有陶壶6件、陶瓮1件、陶盆1件、陶炉1件、陶甑1件、陶釜1件，铁剑2件、铁刀2件，铜镜1件、铜灯1件、带钩1件、五铢钱120枚和铜车马器若干。

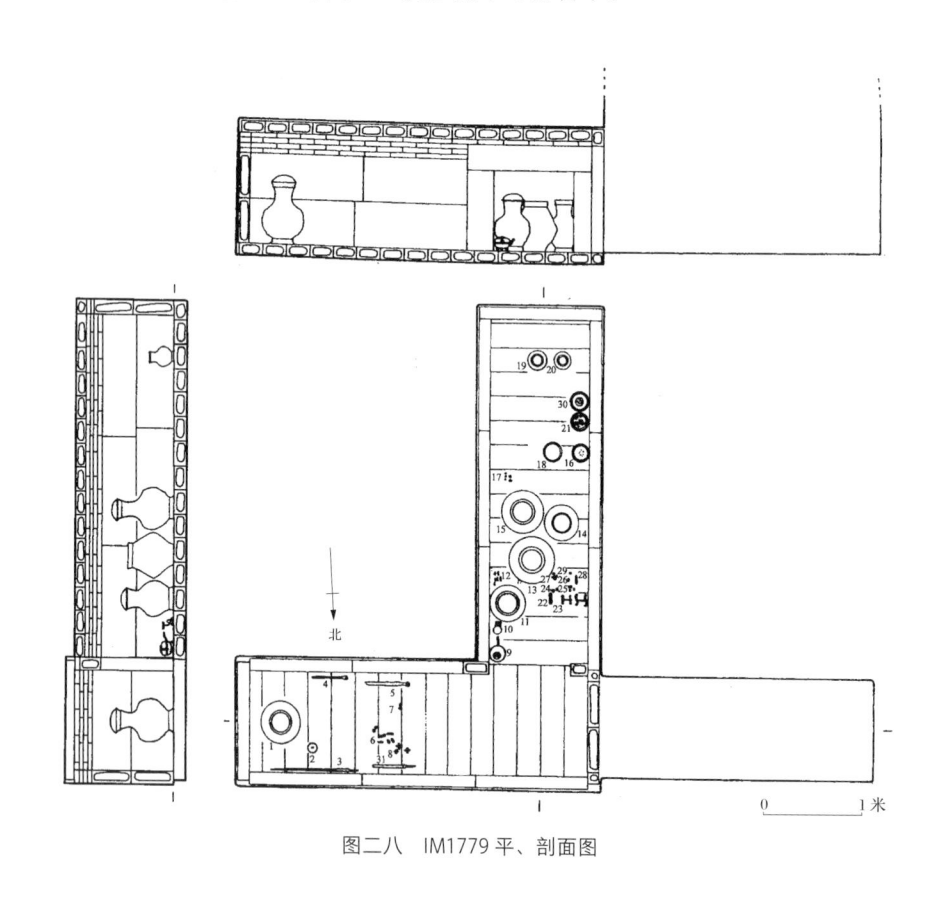

图二八 IM1779平、剖面图

（7）宜阳县牌窑画像空心砖墓

1985年，在宜阳县牌窑镇发掘1座画像空心砖墓。

详细资料见下文画像空心砖墓部分。

3. 西汉晚期

（1）烧沟空心砖墓

1952年，在洛阳烧沟村发掘一批西汉空心砖墓，其中有18座西汉晚期墓。

M184

方向北偏东4°。墓由竖井式墓道、土圹墓室和砖室组成（图二九）。砖室砌法是墓底平铺一层空心砖，然后在左、右、后三壁叠砌大砖两层，在通往耳室及墓门处留作过道，过道两侧各立一柱形砖，用作门柱，为使架设牢固，柱砖上部一侧切成牙榫，上承横梁（图二九-1）。顶部平盖一层空心砖（图二九-3）。墓门用两块空心砖竖立封闭（图二九-4）。

全室用砖30块，其中地砖7块，顶砖7块。右壁砌砖2层4块，后壁与左壁后半各砌砖2块，左壁前半与墓室前端因留耳室，与墓门过道各架设3砖，封门2块。根据用砖部位不同，砖之长宽大小亦不一致。墓顶及左右两壁用砖，其长均在1.1米左右，宽自0.26至0.4米，后壁与墓门砖长0.84米，柱形砖长自0.76至1米，似皆依使用部位而定，厚约近0.11米。

墓中葬棺一口，棺木已腐。

随葬品以陶器数量最多，有陶罐6件、陶仓5件、陶瓮1件，均放置于耳室之内，另于死者头部右侧放五铢钱3枚。

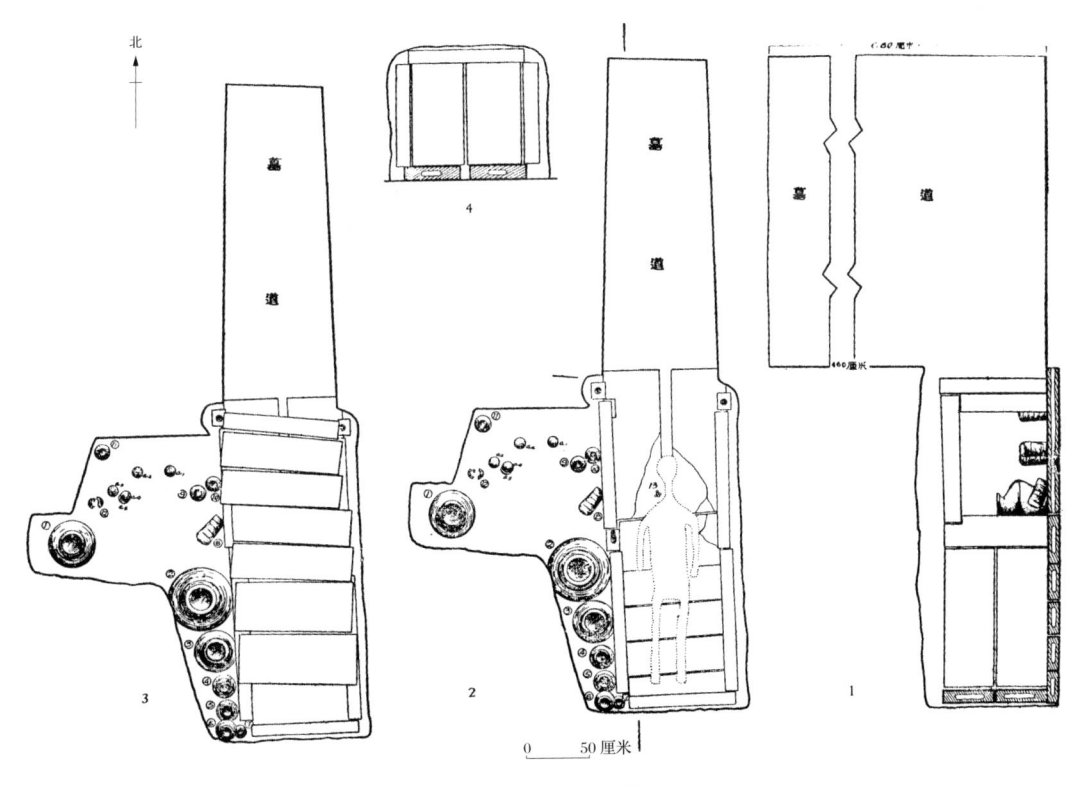

图二九　M184平、剖面图

M2

墓道为长方形竖井式，口长2.2、宽0.96米。墓室用空心砖筑成，长3.6、宽2.1、高1.24米。墓底横铺空心砖两排，然后在底砖之上绕室砌三层空心砖为墓壁，两壁之间加砌中墙一道，平分左右为两室，顶砖排列如同底砖。墓门用四块空心砖竖立封堵。墓室前端两侧各有一耳室（图三〇）。

墓中各室各葬1棺，棺木均已腐朽。

随葬器物有陶鼎、陶敦、陶壶、陶仓、陶灶、陶瓮，铜洗、铜镜、铜带钩，铁剑、铁刀，铅质车饰，五铢钱等。

各类空心砖的尺寸与M184的相近。

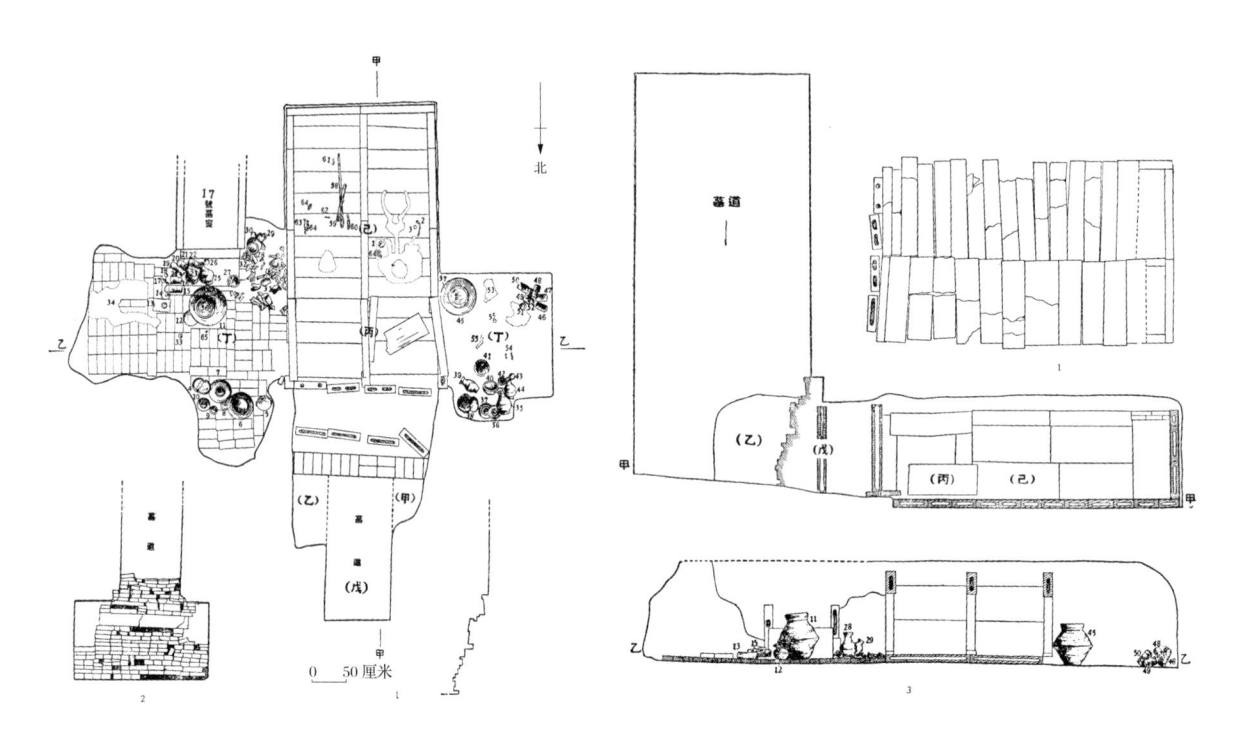

图三〇　M2平、剖面图

M102

墓由墓道、甬道、墓室组成（图三一）。墓道为长方形竖井式，墓道底端转折入内开墓室。甬道两侧对称开二耳室，棺室前侧也对称开二耳室。墓室均用空心砖砌成，长4.7、宽2.1、高2.26米。墓室前端用梯形空心砖2块作为门额，砖长0.32～0.84、宽0.483～0.95、厚0.112米（图三二）。墓壁用长方形空心砖侧立3层砌成，每层砖略有错缝。底用柱形砖横铺。墓顶空心砖为特制，每3块砖为一组，二长一短，长者1.14米，短者0.54米，长砖两端均留榫口，一端榫口卡入砖壁，一端在墓顶与短者斗合，短砖两端平头。自前至后计26排，将墓顶搭成桥梁形式（下文称平脊斜坡式）。空心砖上印有柿蒂纹、菱形纹等。

上编　壹　洛阳西汉空心砖墓的发现与研究

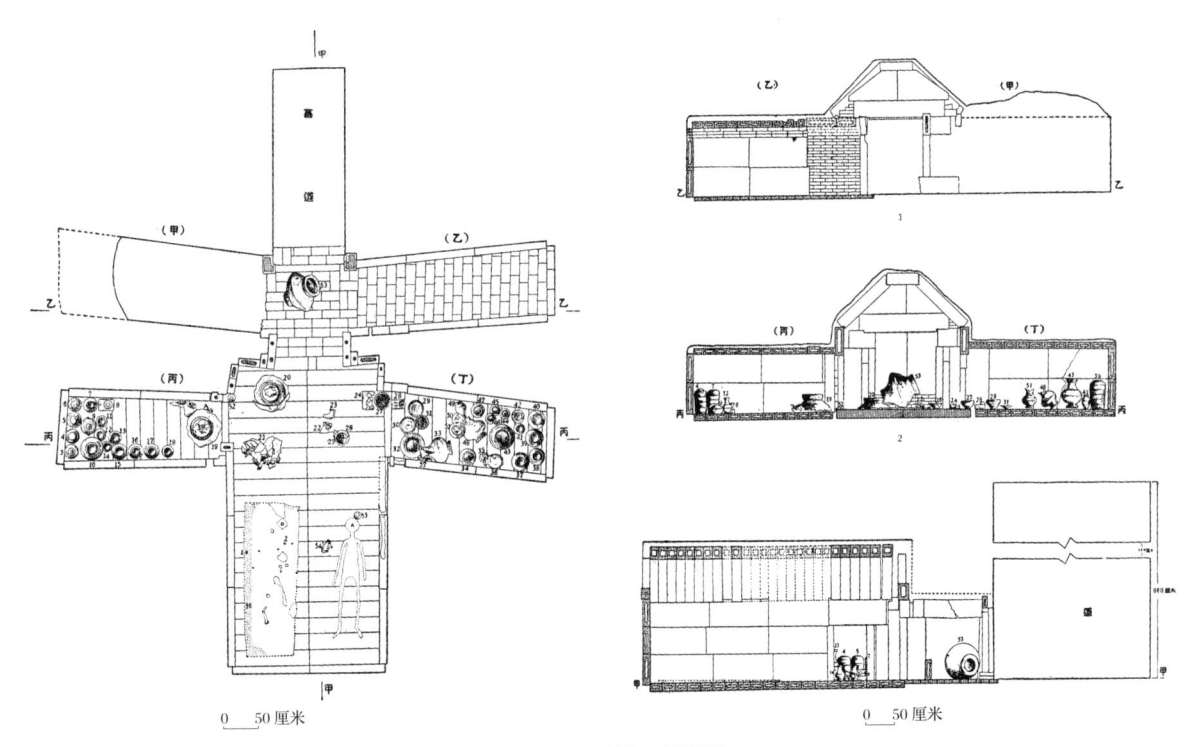

图三一　M102 平、剖面图

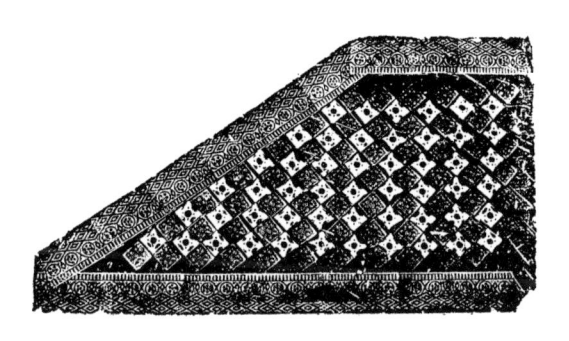

图三二　梯形空心砖

室内存有散乱棺灰，葬二人。

随葬器物有陶瓮、陶壶、陶仓、陶鼎、陶敦、陶灶，铜洗、铜剑饰，五铢钱等。

（2）西郊空心砖墓

洛阳西郊西汉空心砖墓有 3 座晚期墓。

M3227

方向198°。墓道为长方形竖井式。墓室用空心砖构筑，长4.5、宽2.03、高2.14米。墓门在前壁正中，宽1.2米，封门砖为双层，其内用空心砖竖立封闭，外用小砖纵砌。墓室左、右壁各用9块空心砖侧立三层，每层3块砌成，后壁用砖6块，侧立叠砌三层。墓顶用空心砖搭成平脊斜坡式，每3砖为一组，砖的形制和用法与烧沟墓102相同。墓底横铺空心砖两排，后端用小砖补缝。墓室两壁前端开设耳室，耳室皆用小砖构筑，券顶（**图三三**）。

室内置双棺。

随葬器物中有陶鼎1件、敦5件、壶22件、仓9件、罐12件、瓮2件、井1件、甑2件、灶1件、奁1件、盘2件、勺1件、耳杯3件，铁刀4件，还有铜钱、铜车马饰等。

报告未给出空心砖尺寸，由墓室宽度推知空心砖长度为1米左右，顶砖的长度与烧沟墓102的砖相近。

另2座墓（M3057、M3259）是平顶双棺室墓，M3057是二次造墓（附表7）。

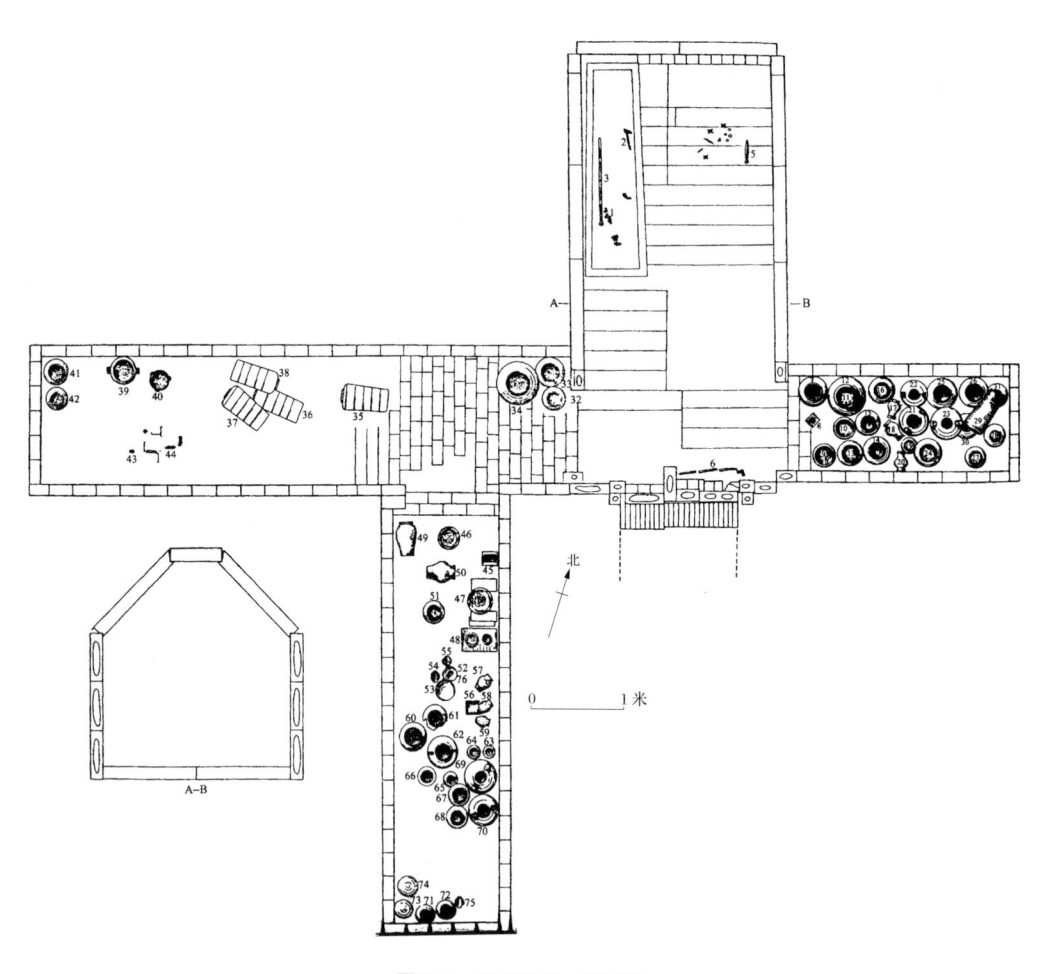

图三三 M3227 平、剖面图

(3) 吉利区空心砖墓（C9M2441）

1998年，在吉利区发掘1座空心砖墓，编号为C9M2441。

方向0°。墓为平顶双棺室墓，由竖井墓道、甬道、墓室和耳室组成（图三四）。[47] 甬道位于墓道南端，长方形，空心砖砌成，长2、宽1、高1米。甬道地面、顶部均用长1、宽0.22、厚0.12米的空心砖横置平铺。北部用6块规格不一的空心砖并排竖立作为墓门。东、西、南三面分别与东、西耳室和东、西棺室相连。东西棺室位于甬道南端，由空心砖砌成，形制、大小相同，均为长方形，长2.56、宽1、高1米。地面、顶部的空心砖规格与甬道相同，铺法一样，墓壁用长1.08、宽0.5、厚0.12米的空心砖侧立叠砌。东、西耳室的空心砖规格和砌筑方式与棺室相同。东耳室长1.68、宽1、高1米，西耳室长2.4、宽0.8、高1米。

出土器物88件，有陶器59件，铜器23件，铁器3件，石器3件。陶器中有鼎2件、敦2件、壶10件、罐7件、奁2件、仓1件、耳杯盒2件、耳杯30个、陶杯1件、碗1件、灶1件，铜器中有壶1件、洗1件、镜1件、带钩3件、弩机2件、灯1件，还有车马器14件，铁器有剑1件、斧2件，石器有磨2件、杵1件。

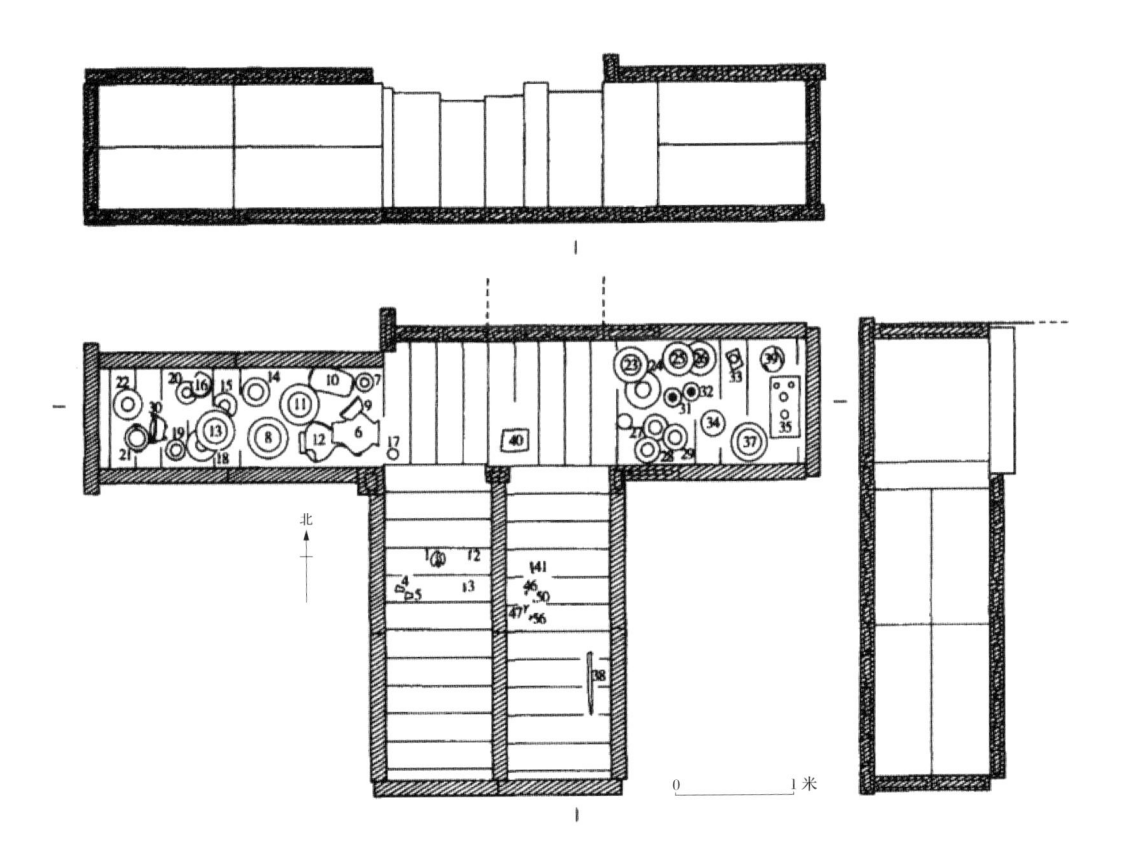

图三四　C9M2441 平、剖面图

（4）烧沟 M61 壁画墓

1957年发掘。方向100°。墓为空心砖和小砖混合砌成，由长方形竖井式墓道、墓室和耳室组成（图三五、三六）。墓道长2.4、宽1、深8.5米。墓室用空心砖砌成，平面为长方形，长5.1、宽2.3～2.35、高2.3米。前壁设墓门，墓门的门框、门楣由3块特制的带榫空心砖制成，每块砖高1.64、宽0.49、厚0.18米。门扇用3块长方形空心砖直立封堵，砖长1.34、宽0.42、厚0.14米。门楣之上砌3块砖，中间1块为长方形空心砖，两侧是三角形空心砖，3块砖组成墓室的山墙。左、右墓壁前部各有一耳室，耳室入口用2块柱形砖和1块长方形砖砌出，耳室以西直至后壁（西壁）用8块长方形空心砖并排直立，砖长1.37、宽0.44、厚0.14米。后壁下部用6块长方形空心砖侧立错缝叠砌三层，第四层是2块直角梯形空心砖（长1.06、宽0.25米），再上是后壁山墙，山墙的用砖和砌法与前壁相同。墓顶空心砖皆为特制，每3块砖为一组，二长一短。长者长1.6、宽、厚皆0.16米，一端是平头，另一端有直角榫口。短者长0.55、宽0.23、厚0.16米，两端削成直角榫口（呈亚腰形）。长砖的平头一端与短砖斗合，有直角榫口的一端卡住壁砖。墓顶从前至后用长砖29对，短砖22块，组成平脊斜坡式顶。墓室底部用长方形空心砖并列横铺，砖长1.12、

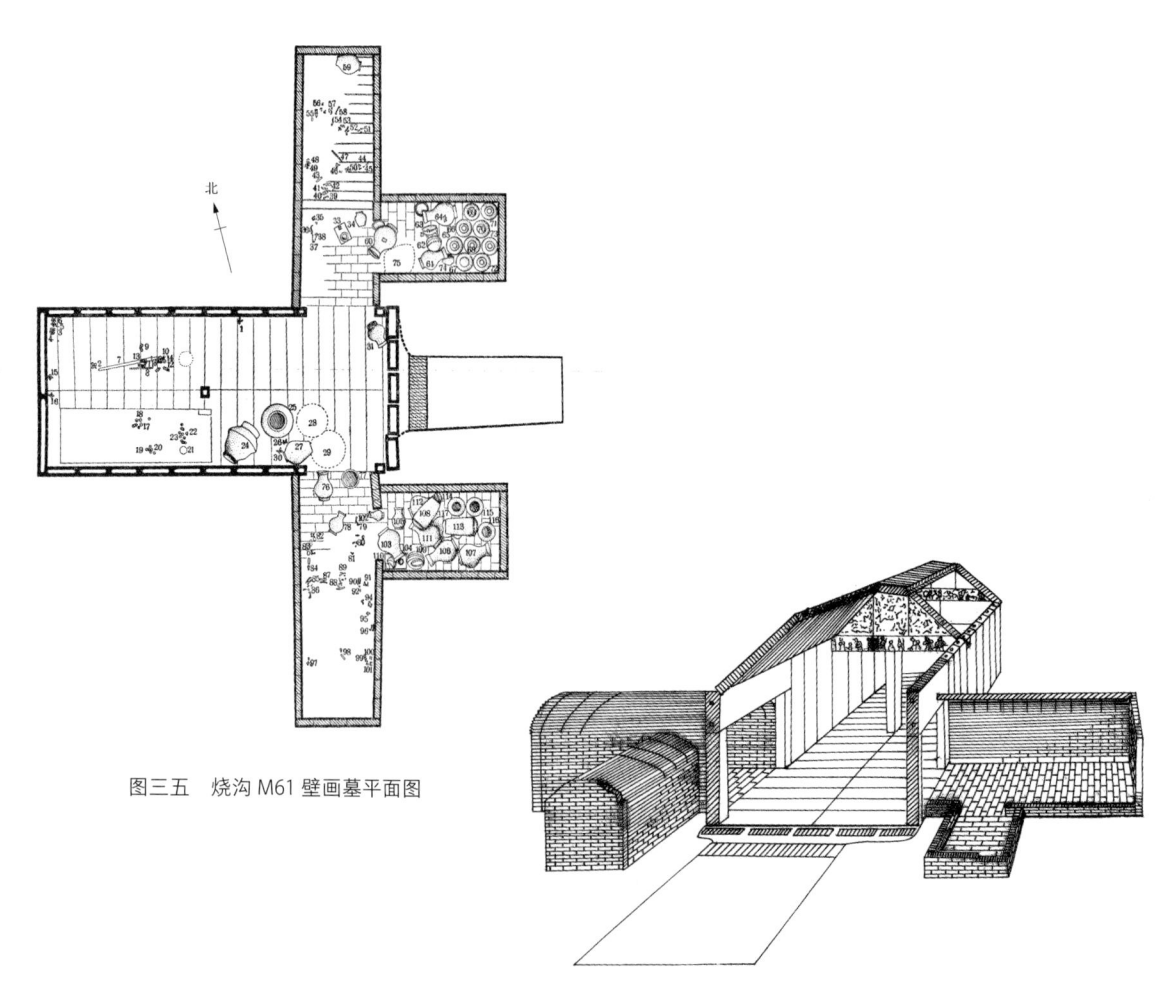

图三五　烧沟 M61 壁画墓平面图

图三六　烧沟 M61 壁画墓结构图

宽 0.25、厚 0.12 米。主室中部有一堵空心砖砌成的隔梁将主室分成前、后两室。空心砖表面布满花纹，种类有柿蒂纹和菱形方格纹。墓顶、隔梁和前后壁绘有壁画。

室内置双棺。

随葬器物丰富，有陶器、铜器和铁器等共 456 件。陶器有鼎、敦、壶、罐、瓮、灶、仓，铜器有车马器、钱币、镜、带钩等，铁器有剑、刀等。

（5）老城西北郊 M81 空心砖墓

1957 ~ 1958 年发掘。墓由墓道、甬道、主室、耳室组成（图三七）。墓道为长方形竖井式。在墓道底部的南端掏挖甬道和墓室，甬道长 0.98、宽约 1、高 1.2 米，两壁用空心砖砌成（竖立），空心砖上端至顶棚之间用小砖砌补，顶部用空心砖平盖。甬道和墓室之间的两侧和上部稍内收，砌成主室门。门框用特制的空心砖，以榫卯卡在甬道两壁，甚为严密。门楣砖也是特制的大空心砖，下端中央部分凸起，该墓门的上面用 2 块特制梯形砖砌起，形成前山墙，两侧的空隙用小砖砌补。主室长方形，长 4.3、

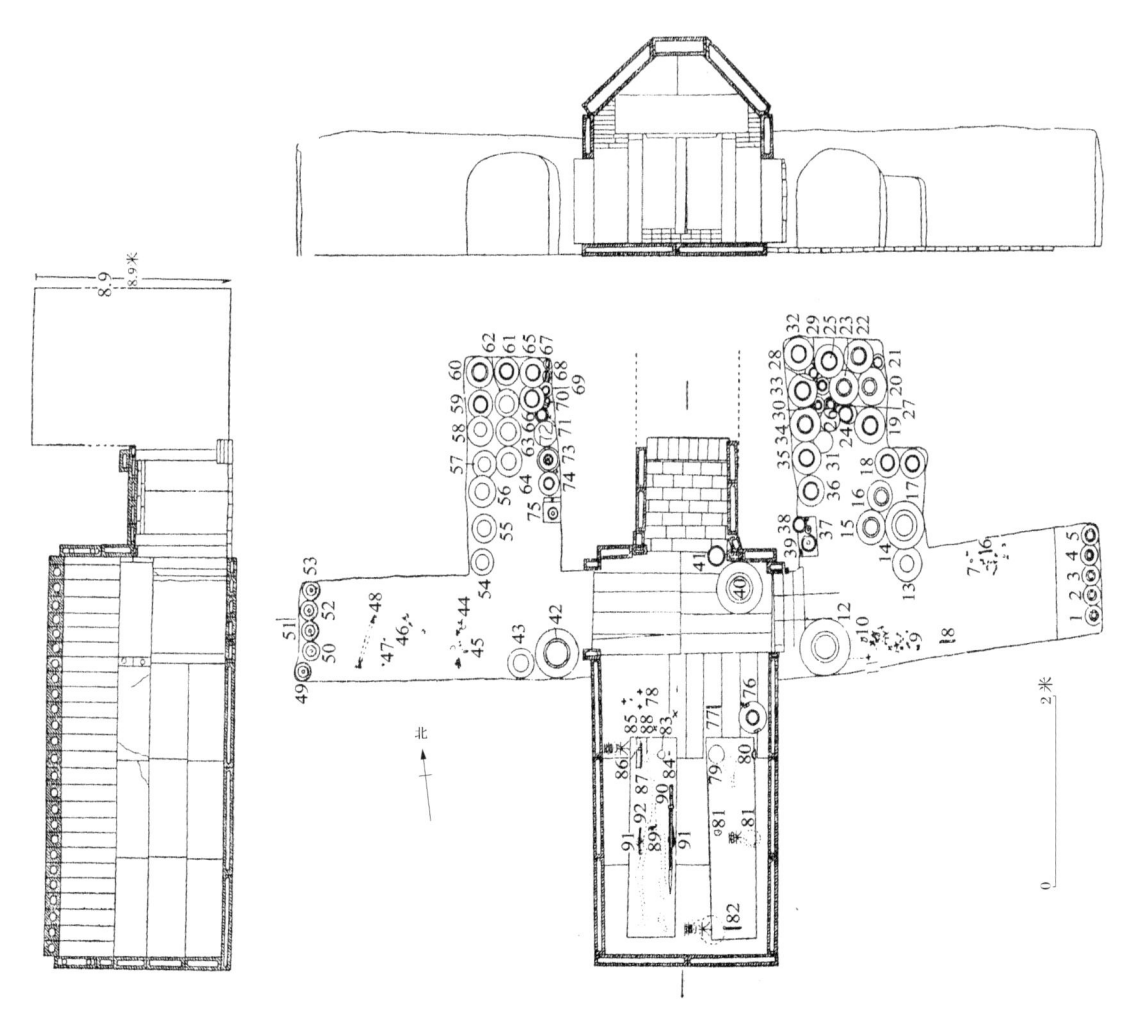

图三七　老城西北郊 M81 墓平、剖面图

宽 2.02、高 2.2 米。墓壁用空心砖侧立三层砌成，墓顶为平脊斜坡式，用砖和砌筑方式与烧沟墓 102 相同。室内置双棺。

随葬器物有陶器、铜器、铁器和石器。陶器有鼎、敦、彩绘壶、罐、瓮、灶、仓，铜器有车马器、钱币、镜、带钩等，铁器有剑、刀等，石器有板砚、研子。

报告未给出空心砖尺寸，由墓室宽度推知空心砖长度为 1 米左右。

（6）春都花园空心砖墓（IM2354）

2004 年，在陇海铁路北侧花园小区发掘一座空心砖墓，编号 IM2354。

方向 270°。墓由墓道、墓室和耳室组成（**图三八**）。墓道为长方形竖井式，长 2.8、宽 1、深 8.1 米。墓室用空心砖构筑，平面为长方形，长 6、宽 1.8、高 1.86 米。墓室前部开墓门，门两侧有柱形砖作门框。左、右壁用 10 块空心砖并排直立，后壁用 8 块空心砖侧立叠砌 4 层，每层 2 块。墓顶为平脊斜坡式，

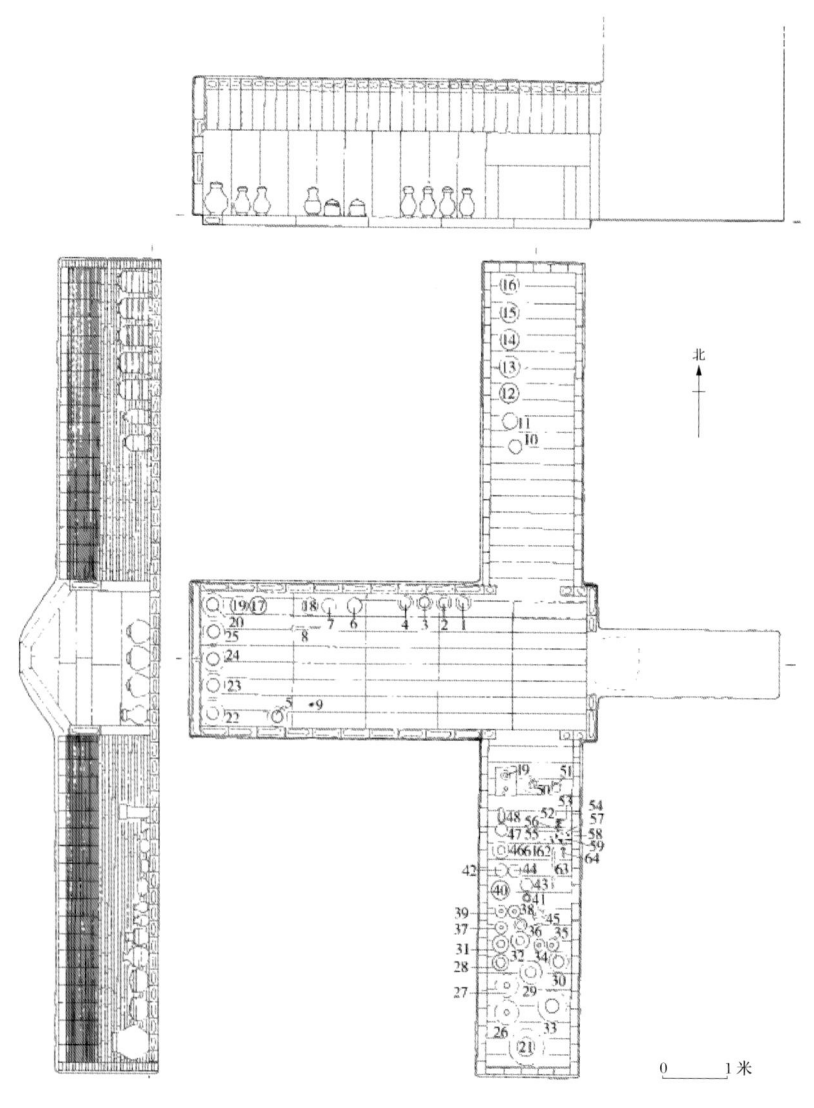

图三八　春都花园 IM2354 平、剖面图

顶砖形制和组合方式与烧沟 61 号壁画墓相同。墓底用空心砖并列纵铺。空心砖长 1.1、宽 0.45 米，砖面装饰菱形纹、云雷纹和乳丁纹。耳室位于墓室前部两侧，均为小砖砌成，拱形顶，底部用空心砖并列横铺。

人骨及葬具已朽，葬式、葬具不明。

随葬物品丰富，其中陶器 30 件（套），有敦 1 件、壶 10 件、罐 6 件、仓 7 件、瓮 1 件、奁 2 件、井 1 件、灶 1 件、炉 1 件；釉陶器 11 件，有罐 2 件、壶 9 件；铜器 67 件，有甑 1 件、碗 1 件、洗 4 件、弩机 2 件，还有车马器、柿蒂形饰和五铢钱等；铁器 4 件，有剑 2 件、戈 1 件、釜 1 件；石器有石磨 1 件。

（7）C1M35 空心砖墓

1974 年，在洛阳食品购销站院内发掘一座空心砖墓，编号 C1M35。

方向 355°。墓由墓道、墓室和耳室组成（图三九）。墓道未清理。墓室用空心砖和小砖混合构筑，平面为长方形，长 4.2、宽 1.95、高 1.85 米。墓室前部开墓门，门两侧用小砖砌起，其上横置一空心砖作门楣，

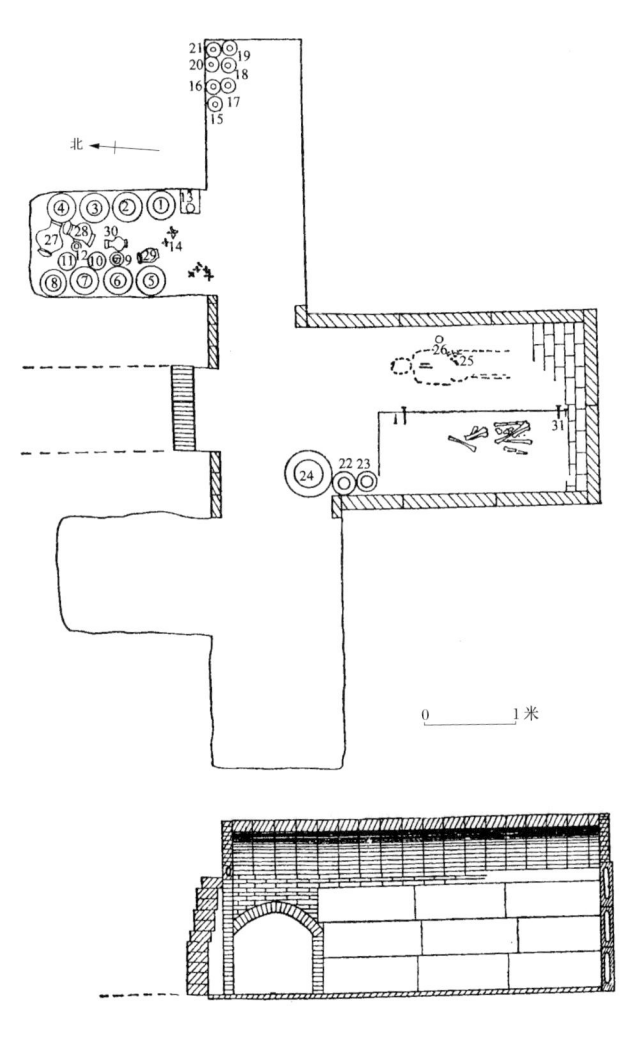

图三九　C1M35 平、剖面图

门外有小砖砌的封门墙。左、右壁由 3 层、每层 3 块空心砖侧立砌成，后壁由 3 层、每层 2 块空心砖侧立砌成。空心砖长 1.08、宽 0.4 米。后壁山墙用小砖砌建。墓顶用小砖券成弧顶。墓底用小砖错缝平铺。墓室前端两侧有对称的土洞耳室。

室内有并列的双棺，人骨及葬具已朽。

随葬物品有 80 余件，陶器有鼎 1 件、敦 1 件、壶 12 件、罐 2 件、仓 7 件、瓮 1 件、灶 1 件，铜器有镜 1 件、柿蒂形饰 7 件、钱币 46 枚。

（8）金谷园新莽壁画墓

1978 年发掘。方向西偏北 45 度。墓由墓道、石门、甬道、甬道耳室、陶门、前室、耳室、后室组成，南北长 7、东西宽 6.1 米。

墓葬为空心砖和小砖混合砌建，其中甬道两壁和后室用空心砖砌建。后室为平脊斜坡形顶（图四〇、四一）。墓内装饰有彩绘壁画和模印纹饰，彩绘壁画位于前堂和后室，内容为天象图、瑞云图和四方神祇神兽。空心砖上印有柿蒂纹、卷云纹、钱文、菱格纹、直方格纹等。

随葬器物丰富多样，有陶器 91 件、铜器 12 件、铁器 11 件、石器 7 件，还有铜钱 828 枚。

图四〇　金谷园新莽壁画墓后室

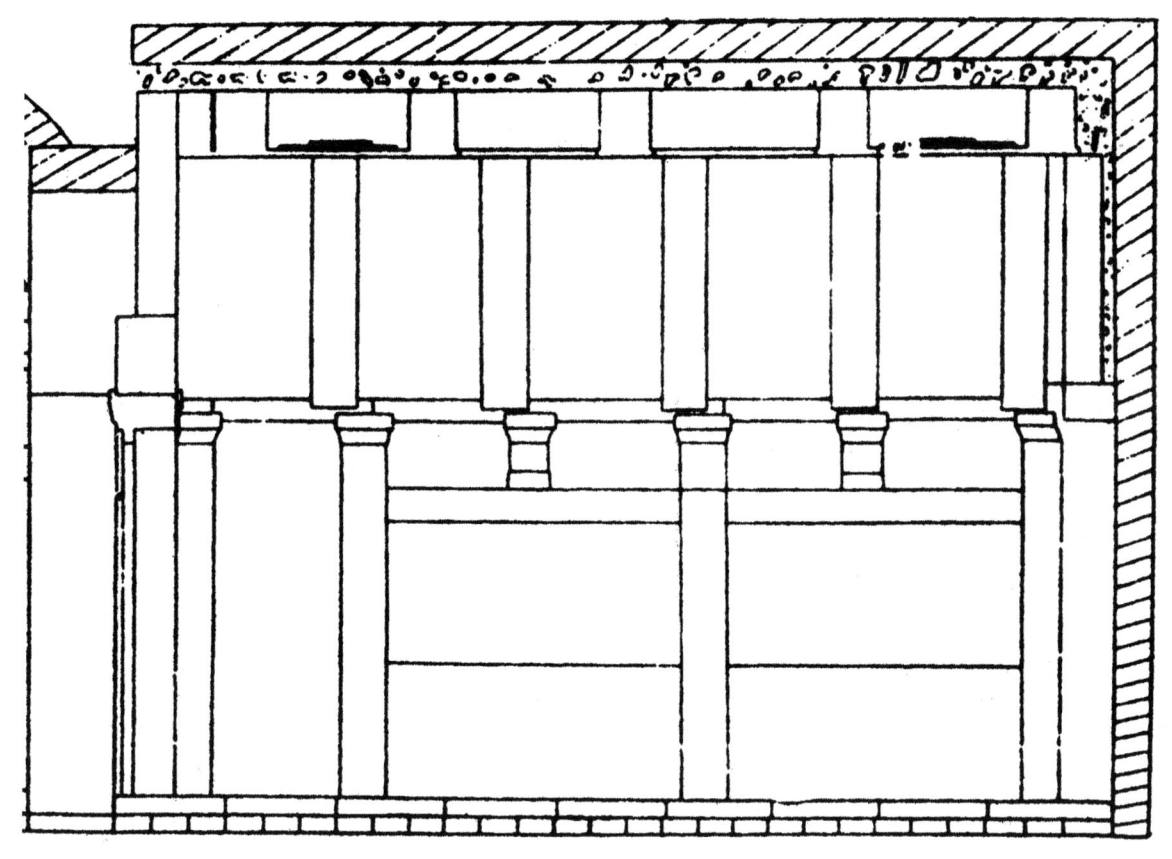

图四一　金谷园新莽壁画墓后室剖面图

（9）辛村新莽空心砖墓

详细资料见下文画像空心砖墓部分。

（二）各期空心砖墓的特征

《洛阳烧沟汉墓》依据墓顶的形态和墓室平面的变化，将在烧沟村发掘的22座空心砖墓分为两型五式。两型为平顶墓（Ⅰ型）和弧顶墓（Ⅱ型）。五式为：Ⅰ型一式，单棺室；Ⅰ型二式，两次造双棺室，两棺室一长一短；Ⅰ型三式，双棺室，两棺室并列平齐；Ⅱ型一式，无甬道；Ⅱ型二式，有甬道。

上述104座空心砖墓，皆涵盖在《洛阳烧沟汉墓》所划分的两型五式之中。其中平顶墓87座，弧顶墓17座，单棺室墓65座，双棺室墓35座。各期空心砖墓的特征如下。

1. 西汉早期墓

墓型单一，结构简单，壁砖长大。

46座早期墓，有45座为平顶墓，1座为弧顶墓（斜坡顶）。墓室平面是顺长方形，皆为单棺室墓。

其中保存完整的41座墓中有38座有墓门设施，封门材料均为空心砖。有6座墓设有耳室，其中5座墓的耳室位于墓道上。墓室左、右和后壁由2层或3层、每层2块空心砖叠砌而成，壁砖的放置方式为侧立。一部分墓葬左、右壁砖的规格相同，一部分墓葬左、右壁砖有长短两种规格，但在垒砌时将规格相同的砖上下叠压，因此，早期墓室两壁的上、下层砖多不错缝。IM45墓是早期墓中很特别的一例，墓顶是空心砖砌成的斜坡式顶。

早期墓的空心砖砖型少，基本只有柱形和长方形两种，三角形砖虽已出现，但数量极少。墓室用砖主要是长方形砖，有些墓整墓只有长方形一种砖型。如新安县铁门墓14和李家庄村黄河河道3座无墓门设施的空心砖墓。壁砖——特别是左、右壁砖长大，为早期墓空心砖的突出特点。46座早期墓中壁砖长度超过1.4米的墓有38座，占总数的82%。陵园路M1630、M1631、M1632的左、右壁砖分别长1.96米、1.9米和2.04米（附表8）。空心砖表面或素面无纹或模印几何纹。

2. 西汉中期墓

墓型增多，形式多样。

26座中期墓，有平顶墓23座，弧顶墓3座，双棺室墓16座，单棺室墓10座。墓室皆有空心砖构筑的墓门设施。有21座墓设有耳室，其中19座墓的耳室位于墓室中。墓壁构筑方式与早期墓相同。左、右壁砖基本是一长一短，工匠在垒砌时，上、下层的长砖、短砖错开摆放，故而上、下层壁砖均有错缝。3座弧顶墓的墓顶形式互不相同，有用空心砖构成的斜坡顶和平脊斜坡顶，有用小砖券成的拱券顶。本期出现1座画像空心砖墓（宜阳牌窑空心砖墓），墓室的周壁和山墙用画像空心砖构筑。

中期墓仍以平顶墓为主，故而空心砖的砖型与早期墓差不多。壁砖的长度在1.2米左右，较早期壁砖明显缩短（附表8）。左、右壁砖长度超过1.4米的墓仍然存在，但数量大为减少，仅占此期墓葬的11%。本期空心砖有几何纹砖，还有画像空心砖。

3. 西汉晚期墓

规模扩大，结构复杂，砖型多样。

32座晚期墓，19座为平顶墓，13座为弧顶墓。弧顶墓的数量大幅增加，弧顶的形式基本都是空心砖构筑的平脊斜坡式顶，只有1座墓是小砖券筑的拱券顶。弧顶墓的规模很大。墓葬采用空心砖与小砖混合筑造的做法比较普遍。封门设施除空心砖墓门外，有的墓还用小砖砌一堵封门墙。墓室中均有面积很大的耳室。平顶墓的构筑方式与前两期墓相同，壁砖皆侧立叠砌，上、下层砖有错缝。弧顶墓壁砖除侧立叠砌外，还出现了直立放置的新形式。本期出现了2座画像空心砖墓（浅井头西汉墓和辛村新莽墓），2墓各使用了6块和4块画像空心砖，画像砖的位置在墓室后壁和墓门及墓室内的隔梁上。

晚期墓的空心砖砖型种类随着弧顶墓数量的增多而增多，有了如亚腰形砖、梯形砖和各种异型砖等，有的砖上还增加了模仿地面建筑构件的装饰，如带斗栱的砖、带圆形或方形门枢的砖、藻井形砖等。壁砖的长度基本在 1～1.33 米（附表 8）。本期空心砖有几何纹空心砖和画像空心砖。

总之，空心砖墓在整个西汉时期一直延续使用，平顶墓（包括单棺室和双棺室）从始至终一直存在，弧顶墓出现于西汉早期，完善于中期，盛行于晚期（图四二）。随着时间的推移，空心砖墓的结构和规模日益复杂、扩大，空心砖砖型逐渐增多，体量逐渐减小。

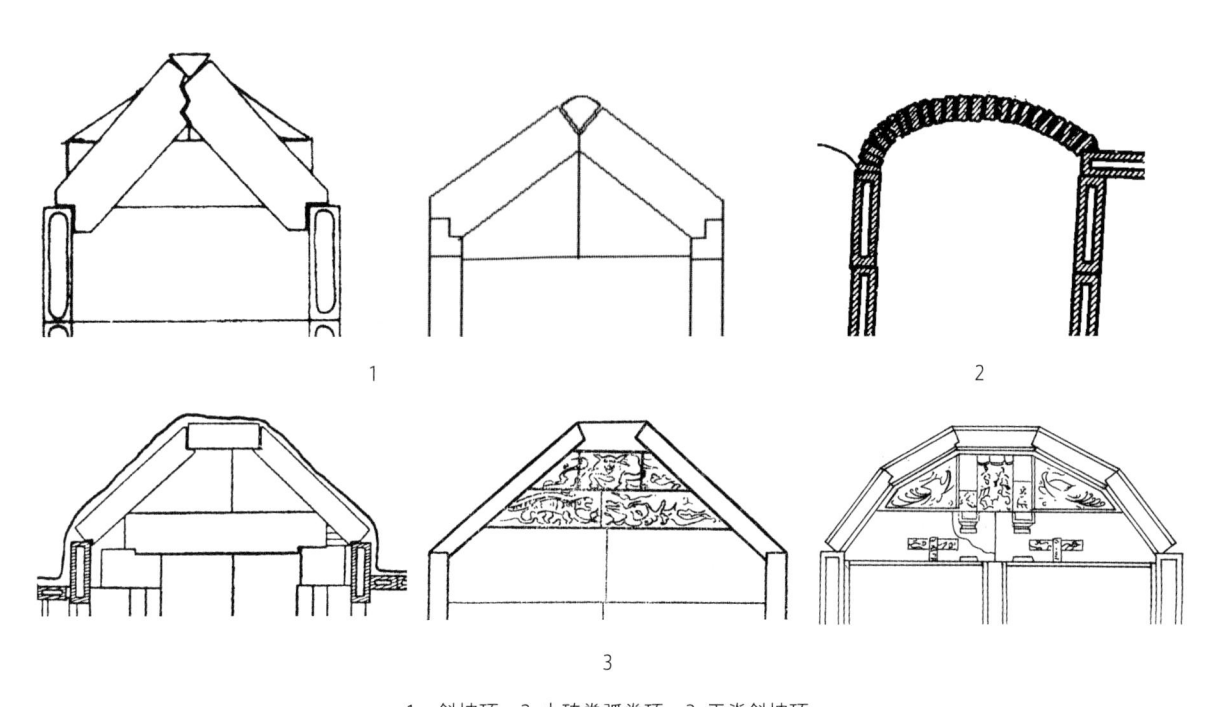

1. 斜坡顶　2. 小砖券弧券顶　3. 平脊斜坡顶

图四二　空心砖墓弧顶墓墓顶的三种形式

在已公布资料的空心砖墓中，有 3 座墓中出现了画像空心砖。为和单纯用几何纹砖构筑的空心砖墓相区别，把有画像砖的空心墓称为画像空心砖墓。画像空心砖墓是空心砖墓中比较特殊的一类，其特殊性在于砖上画像具有的研究价值和艺术价值。

截至目前，洛阳地区考古发掘了 300 余座西汉空心砖墓，但画像空心砖墓的数量只有 7 座。是因为画像空心砖墓的数量原本就稀少吗？还是有别的原因？由上文可知，在 1925～1932 年间，有大量的画像空心砖出土。20 世纪 50～80 年代，文物工作者还在洛阳邙山一带征集到 600 余块画像空心砖（详细情况见后文），据悉，这些画像空心砖大部分出土于 1949 年之前。这一情况说明，1932 年之后仍有大量的空心砖墓被盗掘、破坏。据不完全统计，1949 年前出土的画像空心砖数量有近千块，如果以 1 座画像空心砖墓平均出土 10 块画像空心砖计算，那么被毁坏的画像空心砖墓也超过百座。

洛阳画像空心砖墓的形制如何？是什么时间出现的？砖上画像的风格、内容如何？画像空心砖分布在墓葬的什么部位？如何放置？这些问题即是接下来要讨论的。

注释

【1】 王士性：《广志绎》，中华书局，1981年，第35页。

【2】 曹昭：《格古要论》，夷门广牍本（1597年本）卷六。

【3】 空心砖的名称除郭公砖、琴砖外，还有空腹砖、空砖、圹砖、亭长砖、通古砖等，关于各种名称的来历，详见王仲殊、董睿二人文章。王仲殊：《空心砖汉墓——在考古工作人员训练班讲》，《文物参考资料》1953年第1期；董睿：《汉代空心砖的制作工艺与画像构成研究——以郑州、洛阳为中心》，中央美术学院2013年博士学位论文。

【4】 资料存洛阳市文物考古研究院。

【5】 洛阳市第二文物工作队：《洛阳道北二路明墓发掘简报》，《文物》2011年第6期。

【6】 洛阳市文物考古研究院：《明沈应时家族墓地》，科学出版社，2021年。

【7】 资料存洛阳市文物考古研究院。

【8】 赵振华：《洛阳盗墓史略》，《洛阳古墓博物馆》创刊号（《中原文物》特刊，1987年）。

【9】 郑德坤、沈维均：《中国明器》，上海文艺出版社，1992年。

【10】 李健人：《洛阳古今谈》，中州古籍出版社，2014年。

【11】 方腾、吴同著，汤池译：《今藏美国波士顿的洛阳汉墓壁画》，《当代美术家》1986年第3期；苏健：《美国波士顿美术馆藏洛阳汉墓壁画考略》，《中原文物》1984年第2期。

【12】 [瑞士]倪克鲁（Lukas Nickel）著，贺西林译：《大英博物馆收藏的一组汉代壁画》，《考古与文物》2004年第5期。

【13】 [加]怀履光著，徐婵菲译，沈辰校：《中国（洛阳）古墓砖图考》，中州古籍出版社，2014年。

【14】 郭若愚：《模印砖画（修订版）》，艺苑真赏社出版，1956年。

【15】 《中央日报》1935年12月14日；赵振华：《洛阳盗墓史略》，《洛阳古墓博物馆》创刊号（《中原文物》特刊，1987年）。

【16】赵振华：《洛阳盗墓史略》，《洛阳古墓博物馆》创刊号（《中原文物》特刊，1987年）。

【17】洛阳区考古发掘队：《洛阳烧沟汉墓》，科学出版社，1959年。

【18】翟维才：《洛阳文管会配合防洪工程清理出二千七百余件文物》，《文物参考资料》1955年第8期。

【19】河南省文化局文物工作队：《河南新安铁门镇西汉墓葬发掘报告》，《考古学报》1959年第2期。

【20】中国科学院考古研究所洛阳发掘队：《洛阳西郊汉墓发掘报告》，《考古学报》1963年第2期。

【21】河南省文化局文物工作队：《洛阳西汉壁画墓发掘报告》，《考古学报》1964年第2期。

【22】李宗道：《洛阳烧沟清理西汉墓葬》《文物》1959年第9期。

【23】洛阳市文物工作队：《洛阳西汉墓发掘简报》，《考古》1983年第1期。

【24】洛阳博物馆：《洛阳西汉卜千秋壁画墓发掘简报》，《文物》1977年第6期。

【25】洛阳博物馆：《洛阳金谷园新莽时期壁画墓》，《文物资料丛刊（9）》，文物出版社，1985年。

【26】洛阳地区文管会：《宜阳县牌窑西汉画像砖墓清理简报》，《中原文物》1985年第4期。

【27】洛阳市第二文物工作队：《洛阳金谷园西汉墓发掘简报》，《中原文物》1987年第3期。

【28】洛阳市第二文物工作队：《洛阳北邙45号空心砖汉墓》，《文物》1994年第7期。

【29】洛阳市第二文物工作队：《洛阳浅井头西汉壁画墓发掘简报》，《文物》1993年第5期。

【30】洛阳市第二文物工作队：《洛阳偃师县新莽壁画墓清理简报》，《文物》1992年第12期。

【31】洛阳市文物工作队：《洛阳北郊C8M574西汉墓发掘简报》，《考古与文物》2002年第5期。

【32】洛阳市第二文物工作队：《洛阳邙山战国西汉墓发掘报告》，《中原文物》1999年第1期。

【33】郑州大学历史学院、洛阳市文物工作队：《洛阳吉利区汉墓（C9M2441）发掘简报》，《文物》2008年第4期。

【34】洛阳市文物工作队：《洛阳吉利区汉墓（C9M2365）发掘简报》，《文物》2003年第12期。

【35】洛阳市第二文物工作队：《洛阳火车站西汉墓（IM1779）发掘简报》，《文物》2004年第9期。

【36】洛阳市第二文物工作队：《洛阳西汉张就墓发掘简报》，《文物》2005年第12期。

【37】洛阳市第二文物工作队：《洛阳春都花园小区西汉墓（IM2354）发掘简报》，《文物》2006年第11期。

【38】洛阳市文物工作队：《洛阳市文物工作队2009年考古年报》。

【39】洛阳市文物考古研究院：《洛阳市老城区邙山镇西汉墓（IM3483）发掘简报》，《洛阳考古》2016年第4期。

【40】洛阳市文物考古研究院：《洛阳市陵园路汉代墓葬发掘简报》，《洛阳考古》2018年第1期。

【41】洛阳市文物考古研究院：《洛阳纱厂路西汉大墓的发掘》，《大众考古》2020年第5期。

【42】杨惠霞、徐婵菲：《洛阳偃师后杜楼村西汉画像石椁墓》，《中国国家博物馆馆刊》2013年第2期。

【43】以上资料出自张鸿亮：《洛阳地区汉晋墓研究》，郑州大学2015年博士学位论文。

【44】以上资料来自洛阳市文物考古研究院。

【45】刘斌：《孟津会盟黄河河道汉墓群》，《洛阳市文物考古研究院2021年考古年报》。

【46】本文使用的简报之外的材料，由薛方提供。

【47】与洛阳西郊M3119形制类似，此处所谓甬道应是墓室一部分。

洛阳西汉画像空心砖的发现与研究

贰

一、洛阳西汉画像空心砖的发现

　　画像空心砖，是指砖上的装饰花纹除了几何纹外，还有人物、动物、植物、建筑物、车马和钱币等画像的空心砖（下文简称画像砖）。

（一）发现、著录与收藏

　　与空心砖相同，洛阳画像砖的发现历史也以1949年为界分为两个阶段，与空心砖不同的是，画像砖大量发现是在1949年前，之后发现数量很少。

1. 发现

　　目前，所见最早的有关洛阳西汉画像砖的著录是日本学者大村西崖的《获古图录》，该书1923年在日本出版。书中收录了2块洛阳画像砖，并说：此种大砖，未见前人著录，它们是近些年在洛阳刚出土的，数量很多，流传到我国的为数不少。[1] 这说明洛阳画像砖至迟在1920年前后就有发现。据怀履光的《中国古墓砖图考》记载，在1925～1932年洛阳汉魏故城以北的邙山脚下出土了数百块画像砖，"它们最终被运往北京、上海，然后到欧洲和美洲"。[2]

　　文献记载的只是1920～1932年的大概情况。由前文可知，1930年至1949年，洛阳盗墓活动从未停歇，这一时期在邙山一带仍有数量庞大的画像砖被盗掘出土。这一点可以从后来文物部门在此地征集到的大量画像砖得到证实。1977年，洛阳博物馆对邙山的西汉画像砖进行了一次系统的调查和征集，共收集到500多块不同形状和花纹的空心砖；[3] 1985年，河南省中原石刻艺术馆等在洛阳邙山一带征集20余块西汉画像砖。[4] 1984～1991年，洛阳市文物工作队和洛阳市第二文物工作队先后在孟津、偃师等地发现10余块画像空心砖。[5] 从征集地点判断，这几次征集的砖绝大多数应是1949年前出土的。

1949年以后，考古发掘的画像空心砖墓仅有7座，出土了完整或较为完整的画像砖55块（详见《考古发掘的画像空心砖》）。征集所得的画像砖亦有40余块。

2. 著录

1949年前，洛阳有大量的空心砖出土，但只有带壁画和画像的砖引起人们的关注，并被收藏和记录。因为是盗掘出土，盗掘者和古董商为垄断资源、牟取高利，往往刻意隐瞒或谎报文物的来源信息，[6] 使得画像砖出土地点或方位很难知晓。

早期著录多是简介性的，即学者在研究或介绍汉代美术时增加上新近发现的洛阳画像砖。此期的著录主要有：1923年，大村西崖的《获古图录》；1929年，下中弥三郎的《世界美术全集》；[7] 1931年，奥托·费舍尔（Otto Fisher）的《中国汉代绘画》；[8] 1932年，关野贞的《支那工艺图鉴·瓦砖篇》，[9] 燕京大学的《燕京学报》；[10] 1935年，王振铎的《汉代圹砖集录》。[11]

专题性研究有：1937年有两篇研究文章，一篇是丁士选的《圹砖琐言》[12]，文中对河南发现的画像空心砖从名称、制作、形制，到画像内容、艺术风格和空心砖墓的形制等方面进行了研究。另一篇是许敬参的《汉朱书圹砖小记》[13]，文中对收藏于河南博物馆的11块洛阳西汉画像砖上的朱书文字进行了介绍，并对空心砖在墓中的摆放方式做出推测。1939年怀履光的《中国古墓砖图考》[14] 是第一部对洛阳西汉画像砖进行比较全面、系统研究的专著。书中对砖的出土地点、铭文、年代、制作和画像内容等诸多方面进行了考证，并根据墓砖的形状对画像砖墓做了复原研究。1939年王广庆的《洛阳访古记》[15] 在介绍洛阳文物古迹时对洛阳画像砖的古今称谓、尺寸大小、砖上的画像和文字、出土历史背景、价格和流失国外等情况有简要说明。

丁士选、怀履光两位学者在研究画像砖的同时，对墓葬形制也进行了探究。丁士选曾经在郑州荥泽目睹了几处空心砖墓的盗掘过程，他将空心砖墓分为椁形墓（平顶墓）和屋形墓（弧顶墓）两种，屋形墓又有两种形式（图四三、四四）。他还指出，只有屋形墓出画像空心砖。[16] 怀履光通过砖的形制和其上的文字，研究、复原了画像空心砖墓和墓门（图四五）。[17]

1949年之后，随着考古资料和画像砖资料的丰富，研究工作有很大的进展，研究成果涉及综述性研究、专题研究和译著等方面。

综述性研究体现在各种图录中。此期出版的图录通常附有概述，或多或少地从形制特点、画像内容、艺术风格等方面对画像砖进行了论述。图录主要有：1953年，郭若愚的《模印砖画》；[18] 1955年，常

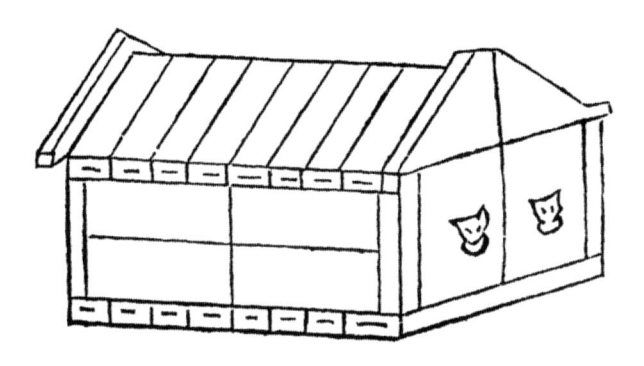

图四三　斜坡屋形墓（采自《圹砖琐言》） 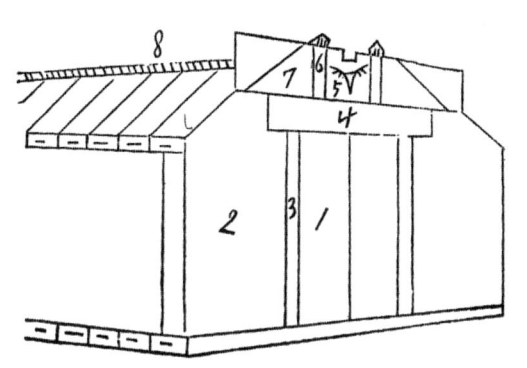　　　　　图四四　脊形屋形墓（采自《圹砖琐言》）

1. 怀履光复原的画像空心砖墓墓门

2. 画像空心砖墓

图四五　怀履光复原的画像空心砖墓和墓门（两图采自《中国〔洛阳〕古墓砖图考》）

任侠的《汉代绘画选集》和《汉画艺术研究》;[19] 1963年,河南省文化局文物工作队编的《河南出土空心砖拓片集》;[20] 1981年和1986年,黄明兰的《洛阳西汉画像空心砖》和《洛阳汉画像砖》;[21] 1985年,周到、吕品、汤文兴的《河南汉代画像砖》;[22] 1986年,日本天理大学等编著的《天理大学附属天理参考馆藏品》;[23] 2006年,《中国汉画像砖全集·河南画像砖》;[24] 2008年,周到、王景荃编著的《河南文化大典·文物典·画像砖》;[25] 2009年,金维诺、信立祥编的《中国美术全集·画像石画像砖》;[26] 2015年,故宫博物院编著的《故宫雕塑馆》;[27] 2023年,沈辰、徐婵菲编著的《砖画印像——洛阳出土西汉画像空心砖》。[28] 其中,有三本图录专门收录了洛阳西汉画像砖,第一本是郭若愚编的,书中收录了1949年前洛阳出土的部分画像砖拓片,43页之前的拓片就是拓自怀履光收购的现藏于加拿大皇家安大略博物馆的画像砖。第二本是黄明兰编的,书中从空心砖的兴起、空心砖的制造、画像空心砖墓的形制、墓砖的分类、画像内容和花纹种类、画像空心砖的出土地点和范围、时代、艺术特点等八个方面对洛阳西汉画像砖进行了较为详细的论述。第三本是沈辰、徐婵菲编著的,书中从入藏历史、砖的概况、画像制作、年代推断和艺术风格五个方面介绍了皇家安大略博物馆收藏的洛阳画像砖,图录中除画像砖的拓片外,还有大量的画像砖的整体和局部的高清照片。图录以外的综述性研究有:1953年,王仲殊的《空心砖汉墓》,内容丰富全面;[29] 1989年,吕品的《河南汉代画像砖的出土与研究》;[30] 2001年,蒋英炬、杨爱国的《汉代画像石与画像砖》[31]等。

专项研究主要有:1980年,周到、吕品等的《河南汉画像砖的艺术风格与分期》,[32] 对河南出土的画像砖从艺术风格上进行了分期研究;1999年,黄雅峰的《河南汉画像砖艺术特色分析》,[33] 把河南的画像砖按风格分为两个区域:以洛阳、郑州、许昌为代表的黄河流域,以南阳为代表的黄河与长江文化交融区,分别分析了两者的艺术特色;2003年,王翠云的《洛阳汉代画像砖艺术》,[34] 论述了洛阳画像砖的表现手法和艺术风格;2013年,董睿的《汉代空心砖的制作工艺与画像构成研究——以郑州、洛阳为中心》,[35] 从空心砖的制作工艺入手,分析了画像空心砖在墓葬中的分布,以及在墓葬三维空间中的布局特点和寓意;2020年,徐婵菲、沈辰的《见微知著——洛阳西汉阴纹画像砖模印技术的痕迹研究》[36],通过对画像砖上印模边框痕迹和异常画像的观察,分析、讨论了画像印模的形制和异常画像产生的原因。

译著主要有:2004年,贺西林翻译的倪克鲁(Lukas Nickel)的《大英博物馆收藏的一组汉代壁画》一文;[37] 2014年,徐婵菲、沈辰译注的怀履光的《中国古墓砖图考》。[38]

3. 收藏

20世纪30年代前后出土的画像空心砖,流出海外者有二三百块,收藏于欧美各国和日本的博物馆与私人手中。海外博物馆主要有:加拿大皇家安大略博物馆,美国的尼尔森-阿特金斯博物馆、波士顿美术馆、费城艺术博物馆、宾夕法尼亚大学博物馆、休斯敦艺术博物馆,日本东京帝国大学工学部、天理参考馆、奈良文华馆等。留存国内的画像砖收藏于故宫博物院、河南博物院、北京大学、燕京大学、北京图书馆等数处。后来出土的画像砖大部分留在洛阳。1949年后，洛阳文物部门发现和征集的画像砖主要收藏在洛阳市文物考古研究院、洛阳博物馆、洛阳古代艺术博物馆、偃师商城博物馆、新安县博物馆，此外，在伊川、孟津、宜阳、洛宁等县的文管所也收藏有数量不等的画像砖。

（二）洛阳西汉画像空心砖的概况

据不完全统计，洛阳发现的西汉画像砖有一千块左右。根据砖上画像的制作技法，画像砖可分为阴纹画像砖、阳纹画像砖。阴纹画像，是指构成画像的线条是低于砖面的阴纹线条。阳纹画像则相反，是指构成画像的线条高于砖面的阳纹线条。根据砖上画像的排列方式，画像砖可分为横砖和竖砖，横砖是指画像水平方向排列的砖，竖砖是指画像垂直方向排列的砖。

这里，按出土方式介绍一下西汉画像空心砖。

1. 盗掘出土的画像砖

（1）阴纹画像砖

洛阳西汉画像空心砖绝大部分是阴纹画像砖（下文简称阴纹砖）。阴纹砖通常在两个主面均印有画像。有的砖在侧面也有纹饰。

① 画像内容

阴纹画像均为单体画像，画像的种类多、尺幅大。画像的种类有人物、马、凤鸟、龙、虎、鹤、豹、猎犬、鹰隼、树木、嘉禾、铺首、景星等二十种，每种画像又有不同的式样。（见附录）样式最多的是人物画像，有23种，其次是马画像和凤鸟画像，分别有20种和17种。一块阴纹砖上，画像的种类至少有一种，多的有七八种，画像的数量最少是1个，最多有36个。画像排列疏朗，错落有致。整砖画像事先经过设计，而后由工匠或精心排布，或随意按压地印在砖上。由于画像之间没有界线，整体画面给人浑然一体的感觉。画像的题材内容可归纳为三类：一是趋吉避凶；二是羽化升仙；三是社会风尚。

有些阴纹砖上涂有颜色。如1933年入藏美国尼尔森－阿特金斯博物馆的6块画像砖中有4块涂有红、白二色；1931年入藏加拿大皇家安大略博物馆的1块三角形龙画像砖上涂有红、黄、蓝、白四色。有些阴纹砖上有文字。书写方式有毛笔书写和利器刻划两种。文字内容以标记方位为主，间或有镇墓驱邪的吉祥语。前者常见的有"西北上""西北下""东北上""东北下""后""户"等，后者有"太岁""姬利"等。[39]

② 砖型

本书收录的盗掘出土的阴纹砖有125块，砖型有长方形、三角形、柱形三种。其中长方形砖110块，三角形砖 13 块，柱形砖 2 块。

长方形砖　数量最多，其中横砖有 95 块，竖砖有 15 块，横砖占总量的 86%。长度超过 1.4 米的砖有 38 块，占到总量的 40%。砖的宽度大多在 0.45～0.54 米之间，绝大部分砖的宽度超过 0.5 米。

长方形砖一般形制规整，边角正常，但有一少部分砖经过特别的处理，如：有被削去边角的牙榫砖，牙榫砖有两种式样，一种是两端皆有牙榫的横砖，牙榫的尺寸相同，为 I 型牙榫砖（图四六），这种砖有 4 块；[40] 另一种是一端带牙榫的竖砖，为 II 型牙榫砖（图四七），这种砖有 1 块。有被切去方角的截角砖（图四八），这种砖有 1 块。有的砖在上、下两端一侧伸出长短不等的方柱、状似门扉的"门扉砖"（图四九），这种砖有 5 块，上端方柱长约 7～9、宽约 13 厘米，下端方柱长 1～2、宽 13 厘米。

三角形砖　有两种：一种是砖的低端面横向伸出一段方柱，为 I 型三角形砖（图五〇），这种砖有 10 块。另一种是砖的低端面没有方柱，为 II 型三角形砖（图五一），这种砖有 2 块。

柱形砖　仅有 2 块。其中 1 块砖只在砖面下部模印 1 个武士画像（图五二），该砖比几何纹柱形砖宽大。另 1 块砖面模印钱纹，尺寸与几何纹柱形砖相同。

图四六　I 型牙榫砖

图四七　II 型牙榫砖

图四八　截角砖

图四九　门扉砖

图五〇　Ⅰ型三角形砖 　　　　　　　　　图五一　Ⅱ型三角形砖 　　图五二　柱形砖

（2）阳纹画像砖

阳纹画像砖（简称阳纹砖）在早年也有发现，因其不像阴纹砖那样有"特色"，而未引起人们关注。阳纹砖通常只在一面模印画像，边纹之内有画像也有几何纹，有些砖以画像为主，用几何纹填补空白，有些砖几何纹占据大部分砖面，画像反而成了点缀。边纹制作粗率。侧面很少装饰纹饰。

① 画像内容

阳纹画像除单体画像外，还有复合画像。画像种类有人物、动物、植物、车马、乐舞、建筑等。阳纹画像中的建筑、车马出行、乐舞和女子是新出现的种类。与阴纹画像相比，阳纹画像中的人物、动物画像的种类大为减少，如人物画像中常见的只有武士、文吏，动物画像常见的只有青龙、白虎、凤鸟等神禽异兽。阳纹画像尺幅普遍缩小，即便是复杂的建筑、车马画像，尺幅通常也不大。画像之间有明显的界线，排列密集，很少留有空白。画像的题材内容与阴纹画像相同。

② 砖型

本书收录的盗掘出土的阳纹砖有34块，砖型有长方形、柱形和梯形。其中长方形砖29块，柱形砖4块，梯形砖1块。

长方形砖　竖砖有21块，横砖有8块，竖砖占总量的72%。砖的体量不大。29块砖中保存完整的有21块，高（长）度在1.03～1.35米之间的砖有19块，占90%，砖的宽度大多在0.25～0.4米。

有12块砖经过特别处理。有的是侧面有棱条的凸棱砖，有的是由高低、宽窄不同的两个长方形砖组成的高低砖，有的是正面下方砖边被切去的"凹边砖"。凸棱砖有两种：一种是砖的侧面后部有一条凸棱的竖砖，凸棱下端与砖底平齐，上端抹角，为Ⅰ型凸棱砖（**图五三**），这种砖有8块。另一种是砖的底面后部中间有一条凸棱的横砖，凸棱两端抹角，为Ⅱ型凸棱砖（**图五四**），这种砖有2块。高低砖有1块，高低不同的两个长方形砖左右并排（**图五五**）。凹边砖有1块，见本书第225页28号砖。

柱形砖[41] 有2块，砖的形制与长方形砖中的I型凸棱砖类似。有1块砖的形制与长方形砖中的高低砖类似，不同的是高低砖是前高后低的前后排列方式。（见本书第227页的30号砖）。

梯形砖　仅有1块（图五六）。

图五三　I型凸棱砖

图五四　II型凸棱砖

图五五　高低砖

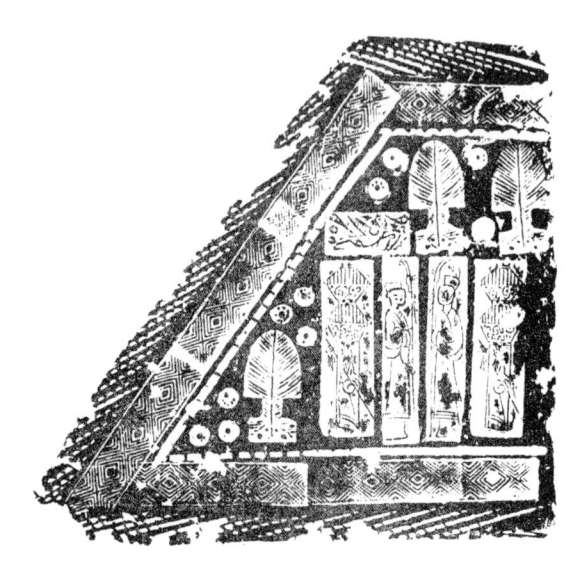

图五六　梯形砖

2. 考古出土的画像砖

出自考古发掘的墓葬中的画像砖有55块，有阴纹砖，也有阳纹砖。详细情况见下文与图版。

二、洛阳西汉画像空心砖的研究

（一）考古发掘的画像空心砖墓及研究

截至目前，洛阳发掘的西汉画像砖墓有7座。其中，西汉早期1座，中期3座，晚期（含新莽时期）3座。墓葬数量虽少，而且有的损毁严重，但墓葬的相对年代清楚，画像砖的位置明确，砖的形制多样，为研究画像砖墓的形制和盗掘出土的画像砖提供了珍贵的资料。

1. 西汉早期墓

史家屯 M18955 画像空心砖墓[42]

2020年9月，在洛阳市史家屯村发掘一座画像砖墓，编号M18955。

方向194°。墓由墓道和墓室组成（图五七至五九）。墓道为竖井式，长2.8、宽1.34米，西壁有一耳室。墓室为长方形，空心砖砌建，长3.32、宽1.33、高约1.6米。底部用9块砖横铺一层，砖长1.33、宽0.34-0.38、厚0.1米。南部开设墓门，由5块砖构成，门楣砖长1.77、宽0.34、厚0.14米，正面局部涂红、白二彩，左、右门框砖高1.17、宽0.28、厚0.16米，门扉砖高1.1、宽0.53、厚0.16米。东、西两壁结构相同，各用5块砖砌成，由南向北先用4块砖侧立叠砌两层，砖长1.33、宽0.5、厚0.14米，其后竖立一砖，

图五七　M18955 墓葬全景（由南向北拍摄）

图五八　M18955 墓门

图五九　M18955 墓壁

砖高 1.01、宽 0.38、厚 0.14 米。后壁由 3 块砖侧立叠砌三层，砖长 1.33、厚 0.14 米，宽分别为 0.5、0.25、0.3 米。顶部塌落。从现场情况看应是平盖一层砖。

葬具和骨架已朽，情况不明。

随葬器物 11 件，均为陶器。有鼎 1 件、敦 3 件（2 件有彩绘）、彩绘方壶 2 件、彩绘壶 2 件、彩绘器钮 1 组、碗 2 件（图六〇）。

根据墓葬形制和器物特征判断，该墓年代为西汉早期。

墓中出土 2 块阴纹画像砖，是位于墓门两侧的门框砖，砖的正面上部模印 1 匹马的画像，其余部分模印几何纹。

图六〇 M18955 随葬器物

2. 西汉中期墓

（1）宜阳县牌窑村画像空心砖墓

1985 年，在宜阳县牌窑村发掘一座西汉画像砖墓。该墓发掘后被搬迁复原至宜阳灵山寺附近。2012 年和 2014 年笔者两次到墓中考察。下面根据发掘简报，并结合考察所见介绍如下。

墓葬坐北朝南，由墓道、甬道、墓室组成。墓道已被破坏。甬道、墓室用空心砖砌成（图六一、六二）。

甬道平面为长方形，平顶。东西宽 1.4、南北长 1.2、高 0.6 米。底部、顶部各横铺 3 块砖，东、西、南三壁各用 2 块砖侧立叠砌而成。甬道壁砖长 0.93、宽 0.39、厚 0.18 米，底砖长 1.3、宽 0.38、厚 0.17 米，顶砖长 1.38、宽 0.38、厚 0.17 米。

墓室为长方形单棺室，斜坡式顶。南

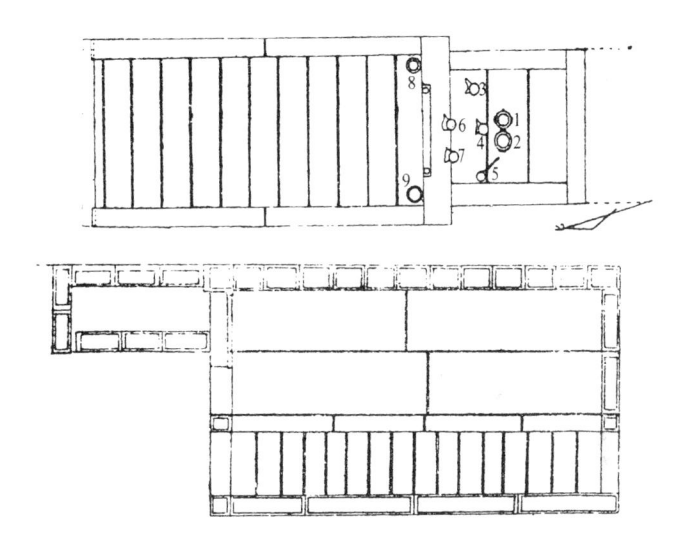

图六一 牌窑村画像空心砖墓平、剖面图

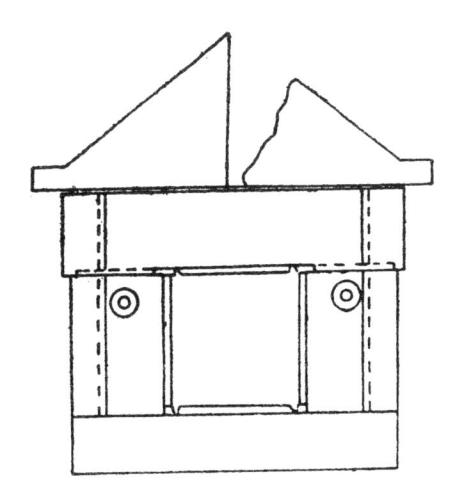

图六二 牌窑村画像空心砖墓南部墓门结构图

北长3.8、东西宽1.7、高2.25米。墓室的砌法是：底部用12块砖横置平铺，砖长1.70、宽0.29、厚0.23米。南壁开设墓门，墓门由门框、门楣、门槛4块砖组成，门扉为木质，已朽。门框砖高0.72、宽0.52、厚0.18米，门楣砖长1.79、宽0.41、厚0.18米。门楣之上是2块三角形空心砖组成的山墙，三角形砖底长1.08、高0.8、厚0.18米，东侧砖的右下部有朱书的"北西"二字。东、西两壁各用4块砖侧立叠砌而成，砖宽0.54、厚0.18米，一砖长1.6米，另一砖长1.82米。其中有6块砖上刻有"西北上""西北下""东北上""东北下""东南上""东南下"等文字。二层砖之上平铺一层"⌐"形柱砖，砖长0.72~0.88、宽0.18、高0.25米。北壁用2块砖侧立叠砌而成，砖长1.82、宽0.55、厚0.19米。北壁砖之上用2块三角形砖组成后山墙。墓顶用17对特制的柱形砖砌成斜坡形顶，砖长0.97、宽0.32、厚0.19米。顶脊上部的"V"形凹槽用5块扇形柱砖填补，砖长0.73~0.88、宽0.23~0.25米。

随葬物品有9件，有铜鼎1件，铜勺1件，陶鼎1件，陶罐2件，铺首4件。

墓葬年代为西汉中期稍后。

墓中出土15块阴纹画像空心砖。其中4块是三角形山墙砖，砖的两面分别模印龙和武士御龙画像。1块是门楣砖，砖的两面分别模印凤鸟和鸿雁画像。10块是壁砖，画像内容相同，均两面模印骏马、白虎、树木画像。砖的一面涂彩，6块壁砖上有刻写的文字，1块山墙砖上有朱笔写的文字。

截至目前，牌窑村画像砖墓是考古发掘的唯一一座保存完好的阴纹画像空心砖墓。墓葬用89块空心砖建成，砖的形制多种多样。画像砖有三角形和长方形两种砖型。三角形砖位于墓室前、后壁，是构成山墙的山墙砖。长方形砖是位于墓室周壁的壁砖，皆为横砖。

墓中还有五种经过特别处理的砖：第一种是后壁砖，形制与阴纹砖中的Ⅰ型牙榫砖相同，有牙榫的一面朝向墓内，牙榫的用途是阻挡与其垂直相接的东、西壁砖向墓室内倾倒；第二种是门框砖，形制与阴纹砖中的Ⅱ型牙榫砖类似，有牙榫的一面朝向墓内；第三种是断面呈"⌐"形的柱砖，由下大上小的两个长方形砖组合而成；第四种是长方形柱砖，砖的一端有直角凹槽，另一端抹去一角；第五种是扇形柱砖。后三种砖互相结合，构成结构严密、坚固的斜坡墓顶（**图六三**）[43]。

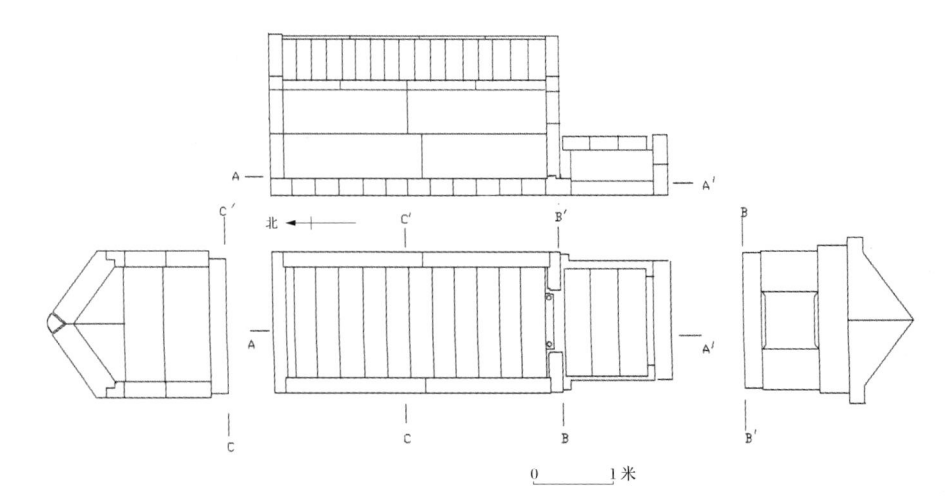

图六三　牌窑村画像空心砖墓平、剖面图

（2）史家屯 M193 画像空心砖墓[44]

2020 年 4 月，在洛阳市史家屯村发掘一座画像砖墓，编号为 M193。

该墓多次被盗，破坏严重。墓葬平面结构与宜阳牌窑村画像砖墓相同。无墓道，甬道、墓室为空心砖明砌。墓门朝东。甬道、墓室通长 5.1 米，顶部不存（图六四至七〇）。

图六四　M193 发掘过程中的场景（从西向东拍摄）

图六五　M193 发掘后的场景（从西向东拍摄） 　　图六六　M193 发掘后的场景（从东向西拍摄）

图六七　M193 南侧门框砖和残存的门楣砖（由西向东拍摄）

图六八　M193 "工"形砖和两侧的壁砖

图六九　M193 墓室西壁

图七〇　M193 西壁上、下层壁砖的结合情况

甬道呈长方形，长1.42、宽1.58米。北、东、南三壁均用2块画像砖侧立叠砌两层构成，南、北两壁壁砖形制相同，砖长1.25、高0.535、厚0.17米，东壁两砖长1.43、高0.53、厚0.17米。墓室也呈长方形，宽1.84米。底部横铺一层柱形空心砖。东壁为墓门，由门楣、门框和门槛构成，现仅存南侧门框砖和横置其上的门楣砖残件。门楣砖和门框砖朝向墓内的一面有牙榫。北壁、南壁结构和用砖相同，中部直立一块"工"形柱砖，柱砖两侧各用2块画像砖侧立叠砌，画像砖长1.57、高0.535、厚0.17米。西壁（后壁）由2块画像砖侧立叠砌而成，砖长1.84、高0.535米，朝向墓内的一面有牙榫。北、西、南三壁的上、下层砖之间以类似榫卯结构的方式相扣合，即在下层砖的上侧面和上层砖的下侧面作出相互扣合的凸面和凹面。

人骨和棺木无存，墓底只留有少量黑灰，随葬品仅发现彩绘器盖2件。

墓中出土完整的阴纹画像空心砖7块，均为横砖。5块位于甬道，砖长1.25～1.43米。2块位于墓室，砖长1.57～1.84米。

墓葬发掘后，将现场的空心砖全部运回。在整理过程中，发现几种形制特别的砖型，为复原墓顶结构提供了依据。

①长方形柱砖，长0.97、高0.29、厚0.18米。砖的一端中部有一直角凹槽，凹槽两边的长度分别是0.085米和0.06米，另一端抹去一角，呈一斜面，斜面长0.12米（图七一、七二）。砖的底面（朝向墓室）模印"米"字纹。这种砖的数量比较多，有的保存完整。此砖形制与牌窑村画像砖墓中的长方形柱砖相同，应是两两组合形成斜坡顶（图七三）。

图七一　M193出土的柱形砖

图七二　M193柱形砖有直角凹槽的一端

图七三　M193两块柱形砖构成斜坡形墓顶的复原图

②"⌐"形柱砖,虽然没有发现完整的砖,但可确定砖型是"⌐"形砖。砖高约0.185、宽0.22米(图七四)。

③扇面砖,砖面明显呈弧面,弧面上模印菱格纹(图七五)。

④三角形砖,发现几块上面纹饰特别的残砖,根据砖形和线条,可判定其为三角形龙画像砖(图七六)。

上述四种空心砖,在宜阳牌窑村西汉画像砖墓中均有发现。因此,推测M193的墓顶形状和结构与牌窑墓相同,为斜坡形顶。

M193在南、北墓壁中间竖立一块"工"形空心砖(图七七、七八)。为与"工"形砖相扣合,两侧的画像砖朝向墓内的一面被切掉一角,形成直角豁口(图七九)。

M193的形制与宜阳牌窑村画像砖墓十分相似,由此判断该墓葬年代应为西汉中期。

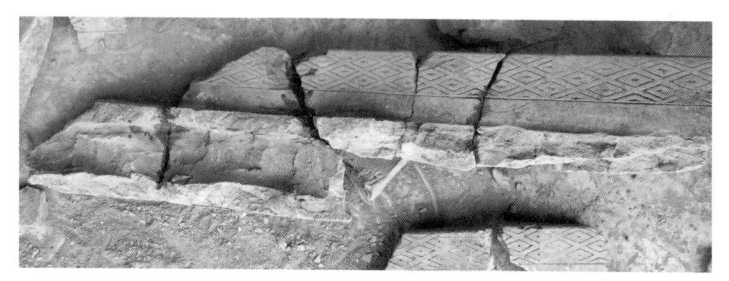

图七四　M193 "⌐" 形柱砖残件

图七五　M193 扇面砖残块及其上的纹饰

图七六　M193 三角形龙画像砖残块

图七七　M193 "工" 形砖

图七八　M193 "工" 形砖上部

图七九　M193 北壁 "工" 形砖与左侧画像砖结合情况

（3）史家屯 M190 画像空心砖墓

2020 年 4 月发掘，编号为 M190。在 M193 南边，两墓相距不远。

墓遭严重盗扰，仅存下层壁砖。坐西朝东。无墓道，墓室明砌。墓室为长方形，长 3.6、宽 1.8、残高 0.9 米。墓室底部横铺一层砖。东壁为墓门，仅存门槛砖、南侧门框砖和位于其上的门楣砖的牙榫部分。门框砖高 0.614、宽 0.49、厚 0.16 米，底部平齐，上面中部有高 0.026 米的牙榫，朝向墓内的一面左、右两端也有长度不同的牙榫。门槛砖上面中部前端高出砖面，上面有一长方形孔洞。南壁、北壁底层的空心砖保存尚好，侧立放置，砖长 1.65～1.72、高 0.508（外侧）～0.525（内侧）、厚 0.172 米，砖的形制与 M193 下层壁砖相同。西壁（后壁），砖长 1.74 米，朝向墓内的一面两端有长 0.173 米的牙榫（图八〇至八七）。

图八一　M190 墓室（由北向南拍摄）

图八〇　M190 全景（由东向西拍摄）

图八二　M190 墓室后壁

图八三　M190墓室东壁残存的南侧门框砖和门槛砖

图八五　M190门框砖与南壁壁砖

图八四　M190门框砖和门槛砖俯视

图八六　M190后壁砖牙榫与南壁砖相连接的情况

图八七　M190墓室南壁东侧画像砖

人骨和木棺无存，墓底只留有少量黑灰，随葬品仅发现玉环（残）、铜饰各1件。

M190的墓门结构、有牙榫的后壁砖与牌窑村墓和M193相同，M190上、下壁砖的结合方式与M193一样，壁砖长度为1.65～1.74米。这些现象在平顶墓中均未发现。因此我们推测，M190的墓顶很有可能是斜坡形的，墓葬年代与前两座墓相近，为西汉中期。

墓中出土6块画像砖，均为阴纹画像砖。5块为横砖，两面有画像，内容不同，一面为驯马，另一面为狩猎。1块是竖砖，为门框砖，朝向墓内的一面模印1个执戟武士画像，朝向墓外一面为素面。

3. 西汉晚期

（1）浅井头空心砖壁画墓

1992年，在洛阳浅井头村发掘一座西汉空心砖壁画墓。

墓葬方向190°。墓由竖井墓道、墓室和耳室组成（图八八）。墓室呈长方形，空心砖砌建，平脊斜坡式顶。墓室长4.52、宽2.1、高1.8米。底部用长方形砖两列并排横置平铺一层，砖长1.12、宽0.24、厚0.11米。前部为墓门，高1.22、宽1.4米，门框和门楣用3块特制的以直角榫卯结构相扣合的空心砖砌成，门框砖高1.26、宽0.4、厚0.13米，门楣砖长1.56、宽0.28、厚0.16米。门框之间竖立3块长方形砖，砖长1.26、宽0.46、厚0.13米。门楣之上的山墙由3块砖构成，中间是1块长方形砖，长0.52、宽0.44米，两侧各砌1块直角三角形砖，底边长0.6、高0.44米。后壁山墙的砌筑方式、用砖与前壁不同，由3块砖分两层砌成，底层由1块高0.32、宽0.64、厚0.13米的直角三角形砖和1块长1.05米的长方形砖组成，上层是1块斜边长0.68、厚0.13米的直角三角形砖，直角在上放置。左、右壁各用7块长方形砖竖立砌成，砖长1.2、宽0.46、厚0.12米。后壁用6块砖侧立三层每层2块砌成，砖长1.08、宽0.45、厚0.12米。墓顶用二长一短3块砖组合搭成，长砖长1.2、宽0.18米，上端平齐，下端留小直角榫口，短砖长0.56、宽0.26～0.28米，两端留大直角榫口，呈亚腰形。长砖上端插入短砖榫口中，下端榫口卡住壁砖（图八九、九〇）。墓室东壁前端有一个土洞耳室。

墓中有棺木一具。出土各种质料的器物327件，其中陶器32件，铜器284件，铁器9件，玉石器2件。

墓葬年代为西汉晚期，约在成帝至王莽之间。

墓中装饰有彩绘壁画和模印画像两种。壁画位于顶部平脊砖和部分斜坡砖上。画像位于后壁的6块砖上，内容是树木、鸮鸟，均为阳纹画像。

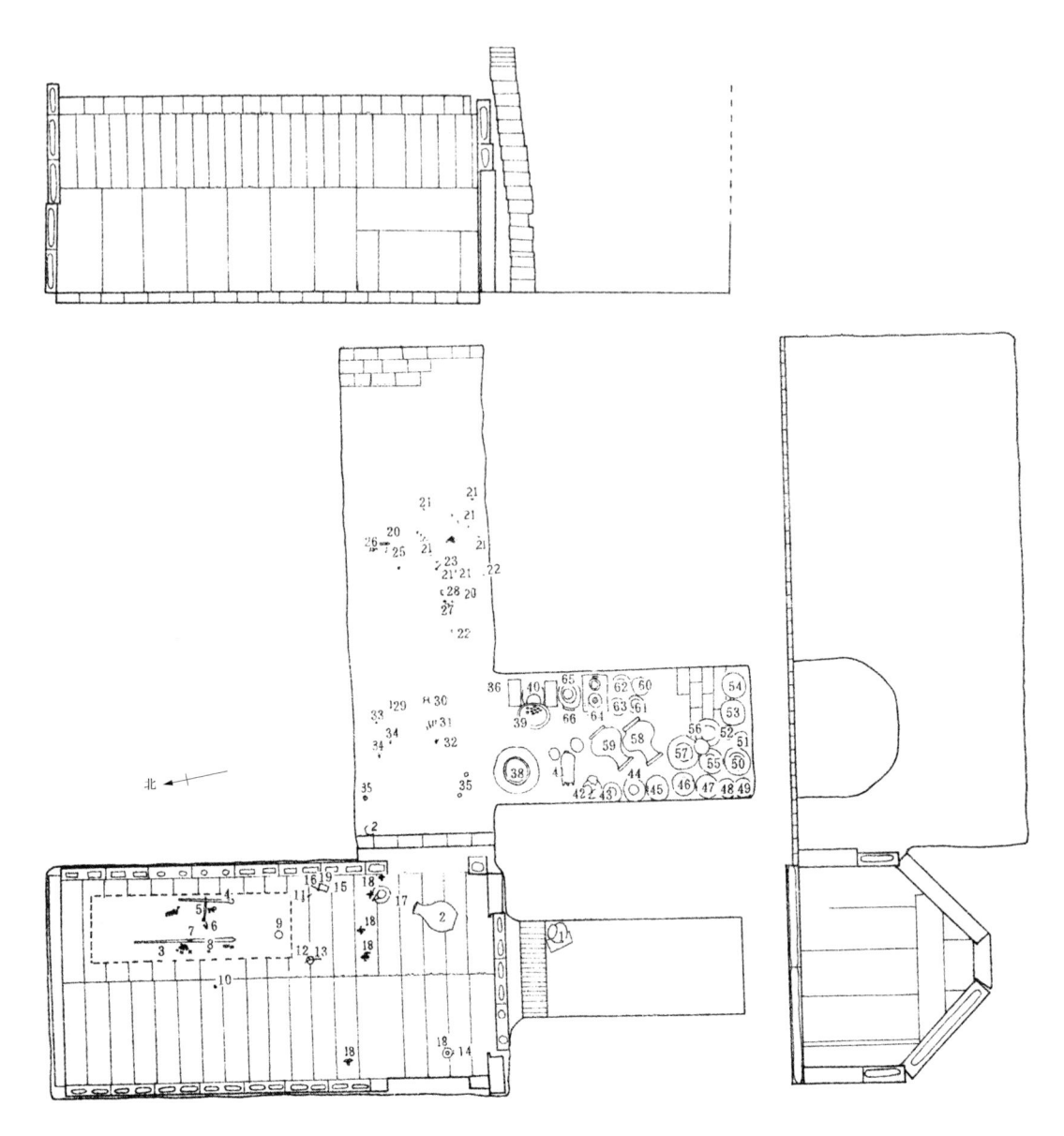

图八八　浅井头空心砖壁画墓平、剖面图

图八九　浅井头空心砖壁画墓顶部柱形砖下端的小直角榫口

图九〇　浅井头空心砖壁画墓顶部亚腰形砖

（2）偃师辛村新莽空心砖壁画墓

1991年，在偃师高平乡辛村发掘一座空心砖壁画墓。

方向169°。墓由墓道、墓门、墓室及耳室组成（**图九一、九二**）。墓道为竖井式，底部稍斜，南北长2.57、东西宽1.1米。墓道北部有一道小砖砌建的封门墙。墓室用空心砖建成，平面呈长方形，南北长6.23、东西宽2.3～2.32、高2.04米，墓顶为平脊斜坡式。墓室被砖砌的勾栏门和隔梁分成前、中和后三室。墓室底部平铺一层砖，砖长1.1、宽0.22、厚0.17米。前部为墓门，已毁，仅存东、西两侧的竖砖和门框砖。墓室左、右和后壁用两种规格的空心砖相间直立砌成，一种砖高1.33、宽0.17、厚0.18米，另一种砖高1.33、宽0.38、厚0.17米。后壁山墙用4块长方形砖侧立两层砌成，砖高1.33、宽0.38、厚0.17米。墓顶用4块长砖和1块短砖相互扣合砌成斜坡平脊形顶。长砖长0.6、宽0.17、厚0.17米，短砖长0.54、宽0.17、厚0.17米，砖的两端均带榫口。前室东、西两壁各有一个空心砖砌建的耳室。

墓中出土陶器13件，器型有罐、仓、灶、甑、碗、井等。

墓葬年代为新莽时期。

墓内装饰以彩绘壁画为主，兼有少量的模印画像。墓中出土4块画像砖：2块是位于第二道隔梁下部的凹边砖，为长方形横砖，长1.305、高0.375米。上面有突出砖面的立柱、方斗和模印的阳纹青龙、白虎画像、文字及几何纹，背面全部为几何纹。2块是位于墓门两侧的门框砖，正面上部分别有浅浮雕的青龙、白虎画像。现以西侧白虎画像砖为例说明门框砖的形制，砖高1.54、宽0.24、厚0.29米，柱砖分前（有白虎画像一面）、中、后三部分，前部宽0.132、厚约0.04、高1.54米，柱头有方斗，中部与前部等高，厚0.12米，但比前部宽出约0.035米，宽出的部分上端呈斜坡状，后部高约1.41米，厚0.13米，又比中部宽出0.037米（**图九三、九四**）。

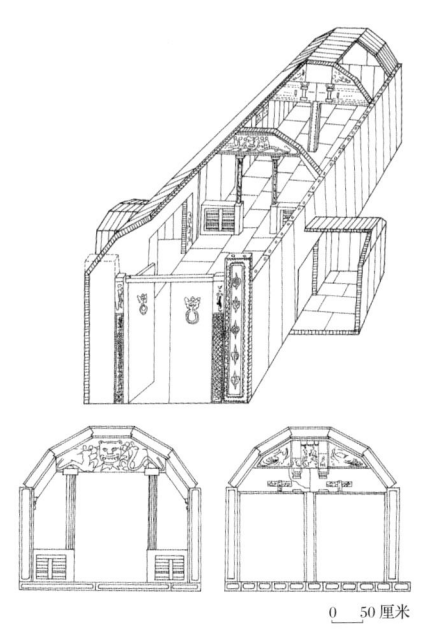

图九一　偃师辛村新莽空心砖壁画墓结构图

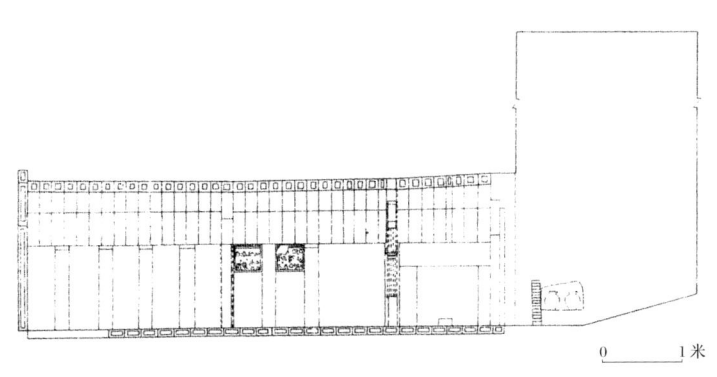

图九二　偃师辛村新莽空心砖壁画墓剖面图

图九三　偃师辛村新莽空心砖壁画墓白虎画像砖正面和右侧面

图九四　偃师辛村新莽空心砖壁画墓白虎画像砖左侧面和上面

（3）偃师保庄村新莽空心砖墓[45]

2015年，在偃师保庄村东北发掘一座空心砖墓。编号为M16。

墓葬坐北朝南，由东、西并列的两个墓组成，两墓结构相同，均由竖井式墓道、长方形墓室和东西耳室构成（图九五）。东、西耳室位于墓室东、西两壁的后部，两墓之间的耳室相通。

图九五　保庄村空心砖墓M16全景（从南向北拍摄）

上编　贰　洛阳西汉画像空心砖的发现与研究

西墓，墓道长2.7、宽1.1米，墓室长5.6、宽1.3米，顶为带藻井的平脊斜坡式（图九六）。东墓，墓道长2.6、宽1.06米，墓室长5.6、宽1.36米，顶为带藻井的平脊斜坡式（图九七）。

图九六　M16西墓主室和耳室（从南向北拍摄）

图九七　M16东墓主室和耳室（从北向南拍摄）

洛阳西汉画像空心砖发现与研究 ◆

　　两墓墓门保存尚好，结构清楚（图九八、九九）。墓门由门框、门楣和封门砖构成。以东墓墓门为例说明砖的形制。门楣砖，长方形，底面后部中间有一条两头抹角的凸棱（图一〇〇、一〇一）。门框砖形制与偃师辛村墓门框砖相同，分前、中、后三部分，前部平顶，柱头有方斗，中部分两部分，左半部分与前部砖相接，平顶，右半部分顶部呈斜坡状，后部低于前两部分，平顶（图一〇二）。门框砖之

图九八　M16西墓墓门 　　　　　　　　　图九九　M16东墓墓门

图一〇〇　M16东墓门楣砖的背面

068

图一〇一 M16东墓门楣砖底面的凸棱

上前后排列放置两块长方形砖，皆侧立、横置，前部是门楣砖，门楣砖放置在门框砖的前部和中部上面，门楣砖底面的凸棱嵌入左右门框砖之间，凸棱两端的斜面恰好与门框砖中部上端的斜坡面相吻合（图一〇三）。门楣砖后面的空心砖放置在门框砖较低的后部上面（图一〇四）。门框砖之间是竖立的3块长方形封门砖。

两墓各出土4块画像砖，封门砖3块，门楣砖1块。两墓的门楣砖和封门砖形制相同，画像相同。画像皆为阳纹画像。门楣砖，上有青龙、白虎、玉璧、树木画像，画像均朝向墓外。封门砖，上有铺首衔环和树木画像，西墓的画像朝向墓外，东墓的画像朝向墓内（图一〇五）。两墓封门砖画像朝向不同的现象，值得探究。

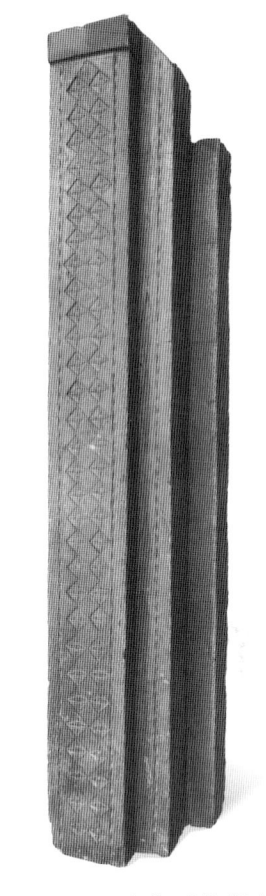

图一〇二 M16东墓西侧门框砖

图一〇三 M16东墓墓门西侧的门框砖与门楣砖

图一〇四 M16东墓墓门背面的门框砖和横架其上的空心砖

图一〇五 M16东墓封门砖朝向墓内一面的画像

此外，20 世纪 80 年代，在汉魏洛阳城北的金村、上屯一带清理了 3 座墓，编号分别为上屯 M1、金村北新村 M1 和 M2，三墓形制均为平顶单棺室墓（图一〇六）。墓中出土了几块画像砖，砖上的画像与烧沟汉墓 M83 出土的陶井上的画像相同。三座墓葬的年代为西汉中期稍后。[46] 查阅《洛阳烧沟汉墓》，M83 中陶井上模印的树木、仙鹤画像是阳纹画像或浅浮雕画像（图一〇七、一〇八），画像风格与浅井头墓出土的画像相似，这表明金村、上屯的三座墓是阳纹画像空心砖墓。烧沟 M83 的年代是西汉晚期。

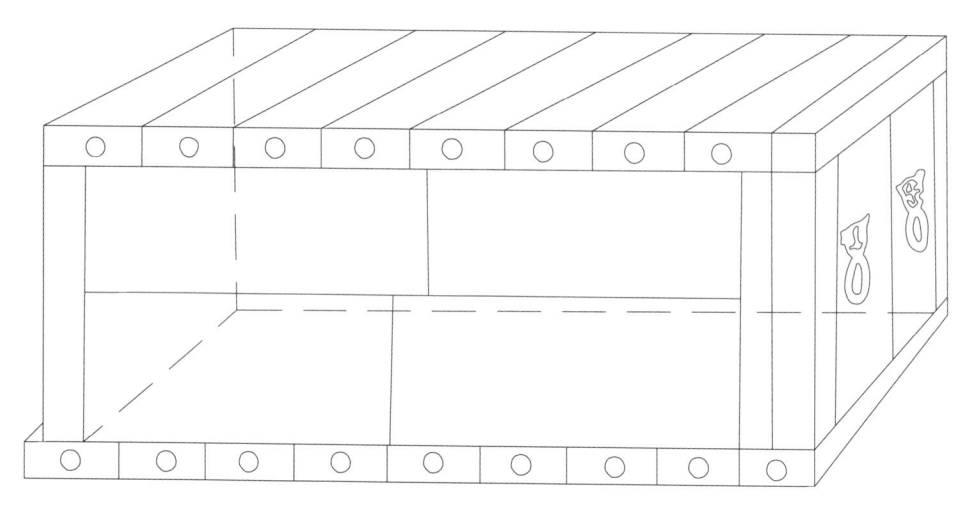

图一〇六　画像砖墓结构示意图（采自《洛阳汉画像砖》）

图一〇七　鹤画像（采自《洛阳烧沟汉墓》）

图一〇八　树木画像（采自《洛阳烧沟汉墓》）

（二）洛阳西汉画像空心砖研究

1. 画像砖的年代

洛阳画像砖发现以来，其年代问题一直受人关注。过去的研究主要针对阴纹砖，关于阴纹砖的年代，先后有多种看法，有汉晋时期说，[47]西汉早期说，[48]战国晚期说，[49]西汉晚期说，[50]汉武帝至新莽说，[51]汉武帝前后至西汉末年说，[52]汉武帝时期说[53]等。洛阳画像空心砖大体为西汉时期已是学界的共识。

然而，洛阳画像砖有阴纹砖和阳纹砖两种，现有的考古资料显示，阴纹砖出自西汉早期和中期墓，阳纹砖多出自西汉晚期（含新莽）墓。由此推断，阴纹砖的年代为西汉早期至中期，阳纹砖的年代是西汉晚期至新莽时期。此外，画像砖自身存在的一些现象也为上面的推断提供了支持。现象之一是阴纹砖中横砖多，阳纹砖中竖砖多，这应与各期墓葬壁砖流行的放置方式有很大关系。西汉早、中期墓的壁砖基本都是侧立放置，晚期墓（平脊斜坡顶墓）的壁砖出现直立放置的情况。壁砖侧立或直立放置，对几何纹砖没有影响，但对画像砖就不同了，它涉及画像的方向问题。所以，侧立放置的阴纹砖以横砖为主，多直立放置的阳纹砖竖砖较多。现象之二是阴纹砖中长度超过1.4米的长砖数量达到40%，阳纹砖的长度多在1.03～1.33米之间，这种情况恰好与各个时期墓葬用砖长度的发展变化轨迹相合。

2. 画像砖的砖型和位置

画像砖的砖型主要有四种：柱形、三角形、长方形和梯形。通过考古材料可知各种砖型的基本位置：柱形砖是位于墓门或耳室门旁的门框砖；三角形砖和梯形砖为山墙砖；长方形砖，大部分是位于墓室或甬道周壁的壁砖，少部分是封门砖或墓室内隔梁砖。

那些经过特别处理的画像砖，有些能够确定其在墓中的位置和放置方式，有些还难以确定。前者有：阴纹砖中的牙榫砖，I型牙榫砖是后壁砖，II型牙榫砖是门框砖，有牙榫的一面朝向墓内；阴纹砖中的截角砖，应该位于耳室入口远离墓门的一侧，截角部位是接纳耳室的门楣砖，这种砖同时具有墓室壁砖和耳室门框砖两种功能；阳纹砖中的凸棱砖，I型凸棱砖是门框砖，凸棱在右侧面的是左侧门框砖，反之是右侧门框砖，II型凸棱砖是门楣砖；阳纹砖中的凹边砖是墓室的隔梁砖。后者有：阴纹砖中的"门扉砖"和阳纹砖中的高低砖，推测它们应是墓门砖中的门扉砖和门框砖，准确与否，尚待今后的考古发现验证。

结语

洛阳画像空心砖墓出现于西汉早期，在整个西汉时期（含新莽）一直沿用。画像空心砖墓的形制有平顶墓、斜坡式墓和平脊斜坡式墓，其发展演变的规律与几何纹空心砖墓相同。

画像空心砖有阴纹砖和阳纹砖两种，阴纹砖流行于西汉早期至中期，阳纹砖流行于西汉晚期至新莽时期。阴纹砖数量远多于阳纹砖，其原因是前者流行的时间长。在阳纹砖流行的西汉晚期，同时存在的还有壁画砖，壁画以其便于制作和能够表现更加复杂的思想内容等优势，侵占和挤压了模印画像这种艺术形式的存在空间，所以阳纹砖数量锐减。西汉以后，画像空心砖随着空心砖墓在洛阳退出历史舞台而逐渐消失在历史的长河之中。

注释

【1】[日本]大村西崖：《获古图录》，大阪达摩书店，1923年；徐婵菲、沈辰：《洛阳西汉画像空心砖的发现与研究》，《中国（洛阳）古墓砖图考》，中州古籍出版社，2014年。

【2】[加]怀履光著，徐婵菲译，沈辰校：《中国（洛阳）古墓砖图考》，中州古籍出版社，2014年。

【3】洛阳市文物工作队：《历程——洛阳市文物工作队三十年》，文物出版社，2011年。这些砖分别收藏在洛阳市文物考古研究院、洛阳博物馆、洛阳古代艺术博物馆等单位。

【4】马越锋：《河南省中原石刻艺术馆收藏一批汉代空心画像砖》，《中原文物》1989年第2期；周到、王景荃：《河南文化大典·文物典·画像砖》，中原出版传媒集团、中州古籍出版社，2008年。这些砖收藏在河南博物院。

【5】张湘，《洛阳新发现的西汉空心画像砖》，《文物》1990年第2期；李献奇、杨海钦：《洛阳又发现一批西汉空心画像砖》，《文物》1993年第5期。

【6】罗振玉的《五十日梦痕录》中有："……出金墉城遗址，问石今在何许，秘不以告。洛阳人情颇倾诈，此行所经，保定民俗最良，天津次之，彰德又次之，洛为下矣"；徐婵菲、沈辰：《流传与解读：加拿大皇家安大略博物馆藏洛阳西汉画像空心砖》，《美成在久》2017年第2期。

【7】[日本]下中弥三郎：《世界美术全集（3）》，1929年，平凡社。

【8】[德国]奥托·费舍尔：《中国汉代绘画》，Paul Neff出版社，1931年。

【9】[日本]关野贞：《支那工艺图鉴·瓦砖篇》，日本帝国工艺会，1932年。

【10】1932年第十一期《燕京学报》的封面上刊发一幅画像空心砖的拓片，封二有简短的文字介绍："封面乃本所所藏汉砖拓片，砖上有朱书，东北下三字，洛阳金村出土。"

【11】王振铎：《汉代圹砖集录》，1935年，考古学社。书中收录了出土于河南各处的画像空心砖拓本，其中有2块洛阳西汉画像空心砖。

【12】丁士选：《圹砖琐言》，《（燕京大学）考古学社社刊》1937年第6期。

【13】许敬参：《汉朱书圹砖小记》，《河南博物馆馆刊（第十一集）》，1937年。

【14】[加]怀履光：《洛阳古墓砖图考》，多伦多大学出版社，1939年。

【15】王广庆：《洛阳访古记》，《河南文史资料（第23辑）》，1987年。

【16】丁士选：《圹砖琐言》，《（燕京大学）考古学社社刊》1937年第6期。

【17】[加]怀履光著，徐婵菲译，沈辰校：《中国（洛阳）古墓砖图考》，中州古籍出版社，2014年。

【18】郭若愚：《模印砖画（修订版）》，艺苑真赏社出版，1956年。

【19】常任侠：《汉代绘画选集》，朝花美术出版社，1955年；常任侠：《汉画艺术研究》，上海出版公司，1955年。

【20】河南省文化局文物工作队第一、第二队：《河南出土空心砖拓片集》，人民美术出版社，1963年。

【21】黄明兰：《洛阳西汉画像空心砖》，人民美术出版社，1981年；黄明兰：《洛阳汉画像砖》，河南美术出版社，1986年。

【22】周到、吕品、汤文兴：《河南汉代画像砖》，上海人民美术出版社，1985年。

【23】日本天理大学、天理教道友社：《天理大学附属天理参考馆藏品》，天理教道友社，1986年。

【24】《中国汉画像砖全集·河南画像砖》，四川美术出版社，2006年。

【25】周到、王景荃：《河南文化大典·文物典·画像砖》，中原出版传媒集团、中州古籍出版社，2008年。

【26】金维诺总主编，信立祥卷主编：《中国美术全集·画像石画像砖》，黄山书社，2009年。

【27】故宫博物院：《故宫雕塑馆》，故宫出版社，2015年。

【28】沈辰、徐婵菲：《砖画印像——洛阳出土西汉画像空心砖》，国家图书馆出版社，2023年。

【29】王仲殊：《空心砖汉墓——在考古工作人员训练班讲》，《文物》1953年第1期。文中关于砖上画像的部分内容来自怀履光的《洛阳古墓砖图考》。

【30】吕品：《河南汉代画像砖的出土与研究》，《中原文物》1989年第3期。

【31】蒋英炬、杨爱国：《汉代画像石与画像砖》，文物出版社，2001年。

【32】周到、吕品、汤文兴：《河南汉画像砖的艺术风格与分期》，《中原文物》1980年第3期。

【33】黄雅峰：《河南汉画像砖艺术特色分析》，《美术研究》1999年第3期。

【34】王翠云：《洛阳汉代画像砖艺术》，《美术之友》2003年第3期。

【35】中央美术学院2013年博士学位论文。

【36】徐婵菲、沈辰：《见微知著——洛阳西汉阴纹画像空心砖模印技术的痕迹研究》，《故宫博物院院刊》2020年第2期。

【37】[瑞士]倪克鲁（Lukas Nickel）著，贺西林译：《大英博物馆收藏的一组汉代壁画》，《考古与文物》2004年第5期。此文研究的虽非画像空心砖，但涉及空心砖的发现史，故收录。

【38】[加]怀履光著，徐婵菲译，沈辰校：《中国（洛阳）古墓砖图考》，中州古籍出版社，2014年。

【39】黄明兰：《洛阳汉画像砖》，河南美术出版社，1986年。

【40】笔者见到的有4块。这种被特别处理的砖，数量应该不少，早期的资料很少介绍，从拓片上看不到该砖是否有牙榫或凸棱。

【41】阳纹砖有不少砖的宽度和厚度相差不多。这里的所谓的柱形砖，其宽度和厚度相差不超过5厘米。

【42】资料由洛阳市文物考古研究院吴业恒、张犁牛提供。

【43】该图是笔者根据发掘简报中的平、剖面图结合实际考察后绘制。

【44】张瑾：《洛阳史家屯西汉画像空心砖墓》，《洛阳市文物考古研究院 2020 年考古年报》。M193 与 M190 发掘后，笔者参加了两墓的拆迁及墓砖整理工作。

【45】墓葬资料和图片由洛阳市文物考古研究院王咸秋提供，空心砖的尺寸暂缺。

【46】黄明兰：《洛阳汉画像砖》，河南美术出版社，1986 年。

【47】[日] 大村西崖：《获古图录》，大阪达摩书店，1923 年。

【48】[加] 怀履光：《洛阳古墓砖图考》，多伦多大学出版社，1939 年。

【49】郭若愚：《模印砖画（修订版）》，艺苑真赏社，1956 年。

【50】周到、吕品、汤文兴：《河南汉画像砖的艺术风格与分期》，《中原文物》1980 年第 3 期。

【51】黄明兰：《洛阳汉画像砖》，河南美术出版社，1986 年。

【52】吕品：《河南汉代画像砖的出土与研究》，《中原文物》1989 年第 3 期。

【53】徐婵菲、沈辰：《洛阳西汉画像空心砖的发现与研究》，《中国（洛阳）古墓砖图考》，中州古籍出版社，2014 年。

附表1 46座西汉早期空心砖墓（长度单位：米）

墓葬		墓室尺寸	墓葬形制
孟津李家庄村黄河河道16座	M1127	长3.12、宽1.2、高1	平顶单棺室，墓室均无耳室
	M1115	长3.12、宽1.24、高1	
	M1123	长2.88、宽0.82、高0.8	
	M1145	长3.31、宽1.21、高1	
	M1146	长2.98、宽0.96、高1.02	
	M1144	长3、宽1、高0.86	
	M1142	长3.02、宽1、高1.02	
	M1120	长3.34、宽0.92、高0.9	
	M1121	长2.63、宽1、高1	
	M1118	长2.36、宽0.87	
	M1124	长3、宽0.92、高0.9	
	M1143	长3.02、宽0.73、高1.02	
	M1141	长2.98、宽1	
	M1138	长3、宽0.92	
	M1139	长3、宽0.91	
	M1140	长3.09、宽0.92、高1.02	
陵园路16座	M1630	长3.8、宽1.36、残高1.1	平顶单棺室，有墓道耳室
	M1631	长3.4、宽1.26、高1.65	
	M1655	长2.8、宽1.2、高?	
	M1673	长2.74、宽1、高1.1	
	M1660	长2.8、宽1.3、高1.1	平顶单棺室，有墓室耳室
	M1632	长4.26、宽1.56、残高1.4	平顶单棺室，均无耳室
	M1633	长3.2、宽0.95、高1	
	M1634	长3、宽1.1、残高1	
	M1635	长3.32、宽1.05	
	M1636	长3.3、宽1.1、高1.2	
	M1639	长3.24、宽1.2、高1.2	
	M1648	长2.5、宽0.63、高0.8	
	M1659	长2.8、宽1.1、高1	
	M1668	长3.8、宽1.2、高1.15	
	M1675	长3.7、宽1、高1.04	
	M1679	长2.76、宽1、高0.95	

（续表）

新安县铁门9座	M3	长3.28、宽1.35、高1.45	平顶单棺室，均无耳室
	M6	长3.98、宽1.58、高0.7	
	M7	长3.8、宽1.72、高0.5	
	M14	长3.26、宽1.34、高1.25	
	M18	长2.57、宽1.2、高1.12	
	M28	长3、宽1.05、高1.06	
	M33	长3.6、宽1.42、高1.75	
	M36	长2.9、宽0.87、高0.99	
	M37	长3.54、宽1.25、高1.2	
邙山2座	IM1096	长2.86、宽1.04、高0.94	平顶单棺室，均无耳室
	IM1145	长2.36、宽0.6、高0.9	
北郊C8M574		长3.72、宽1.1~1.12、高1.06	平顶单棺室，有墓道耳室
苗南村IM3483		长3.2、宽1、高1.06	平顶单棺室
北邙IM45		长2.88、宽1.16、高1.5	斜坡顶，单棺室

附表2　26座西汉中期空心砖墓（长度单位：米）

墓葬		墓室尺寸	墓葬形制
烧沟5座	M3	长2.52、宽1.14、高0.86	平顶单棺室，均无耳室
	M17	长2.5、宽1.02、高1	
	M153	长2.56、宽1、高1.02	
	M172	长2.24、宽1.94、高1.02	平顶双棺室（皆为两次造），有墓室耳室
	M413	长2.72、宽1.2、高1	
西郊10座	M3163	长3.6、宽0.97、高1.4	平顶单棺室，有墓室耳室
	M3051	两次造。东室长3.26、宽1.06、高0.96，西室长3.13、宽0.84	平顶双棺室，有墓室耳室
	M3081	长3、宽1.9、高1.01	
	M3129	长3.02、宽1.96、高1	
	M3142	长4.97、宽2.08、高?	
	M3149	长2.96、宽1.86、高1.7	
	M3194	长3.16、宽1.82、高?	
	M3207	长3、宽2、高?	
	M3119	两次造。东室长3.5、宽0.94、高1.24，西室长2.86、宽0.88、高0.9	双棺室，一弧顶（小砖券），一平顶（空心砖），有墓室耳室
	M3203	长3.8、宽2、高1.2	弧顶双棺室，有墓室耳室

（续表）

墓葬		墓室尺寸	墓葬形制
陵园路5座	M1642	两次造。砖室长2.3、宽0.6、残高1.04	平顶双棺室，无耳室
	M1653	长3.2、宽0.7、高1.1 长3.4、宽0.7、高1.1	
	M1644	东室长2.7、宽0.78 西室长2.7、宽0.8	平顶双棺室，有墓道耳室
	M1657	长3.4、宽1.22、高1.4	平顶单棺室，有墓道耳室
	M1674	长2.78、宽0.92、高1	平顶单棺室，无耳室
邙山2座	IM1157	砖室长2.5、宽0.8、高1	平顶双棺室（两次造），无耳室
	IM1175	南室长2.9、宽0.95、高1.5， 北室长2.6、宽0.85、高1.2	平顶双棺室，有墓室耳室
吉利区 C9M2365		长3.6、宽2、高1.36	
金谷园 HM1		两次造。左长3.5、宽1、高1.18， 右长3.2、宽1.1、高1.18	平顶单棺室，有墓室耳室
火车站 IM1779		长3.78、宽1.3、高1.36	
宜阳牌窑画像砖墓		长3.8、宽1.7、高2.25米	斜坡顶单棺室，无耳室

附表3　32座西汉晚期空心砖墓（长度单位：米）

墓葬		墓室尺寸	墓葬形制
烧沟17座	M11	长2.52、宽1.9、高0.92	平顶双棺室，有墓室耳室
	M13	长2.5、宽2.06、高1.1	
	M18	长2.52、宽2.19、高1.1	
	M183	长3.24、宽2.4、高1.1	
	M184	长2.5、宽1.28、高1.02	
	M313	长3.1、宽1.18、高1.1	
	M402	长2.60、宽1.1、高1.14	
	M410	长3.64、宽2.34、高1.34	
	M312	两次造。长2.96、宽0.94	
	M2	长3.6、宽2.1、高1.24	
	M7	长2.4、宽1.8	
	M10	长3.8、宽2.2	
	M152	长3.72、宽2.48、高1.34	
	M638	长2.63、宽2.22、高1.23	
	M156A	长3.2、宽1.14、高0.9	平顶单棺室，有墓室耳室
	M309	长3.4、宽2.3、高1	
	M102	长4.7、宽2.1、高2.26	弧顶单棺室，有墓室耳室

（续表）

西郊 3 座	M3057	两次造。东室长 3.7、宽 1、高 1，西室长 3.2、宽 0.9、高？	平顶双棺室，有墓室耳室
	M3259	长 4.05、宽 1.9、高？	
	M3227	长 4.5、宽 2.03、高 2.14	
吉利区 C9M2441		长 2.56、宽 1、高 1 米	平顶双棺室，有墓室耳室
烧沟村西西汉墓		长 3.38、宽 2.08、高 1.6	弧顶双棺室，有墓室耳室
新安县铁门 M17		长 4、宽 2.4、高 0.82？	
卜千秋壁画墓		长 4.6、宽 2.1、高 1.86	弧顶单棺室，有墓室耳室
浅井头壁画墓		长 4.52、宽 2.1、高 1.8	
烧沟 61 号壁画墓		长 5.1、宽 2.3~2.35、高 2.3	
张就墓		长 4.2、宽 1.9、高 1.9	
IM2354		长 6、宽 1.8、高 1.86	
81 号墓		长 4.3、宽 2.02、高 2.2	
C1M35（小砖券弧顶）		长 4.2、宽 1.95、高 1.85	
金谷园新莽壁画墓		后室空心砖室长 2.92、宽 2.2、高 2.03	
偃师县新莽壁画墓		长 5.26、宽 2.3、高 2.04 米	

附表 4 李家庄村黄河河道空心砖墓和空心砖情况（长度单位：米）

有墓门设施的墓							
墓号	砖室尺寸（长、宽、高）	门框砖（高）	左、右壁砖尺寸（长、宽）	后壁砖尺寸（长、宽）	地砖尺寸（长、宽）	随葬品（件）
M1127	3.12、1.2、1	1.02	1.5、0.5	1.5、0.5	1.52、0.3	15
M1115	3.12、1.24、1	0.98	1.46~1.48、0.5	1.5、0.5	1.5、0.3	7
M1123	2.88、0.82、0.8	0.8	1.35、0.3	1.09、0.39	1.14、0.4	5
M1145	3.31、1.21、1	1	1.5~1.52、0.5	1.5、0.5	1.52、0.3~0.32	8
M1146	2.98、0.96、1.02	1.02	1.5、0.5~0.52	1.24、0.5~0.52	1.24、0.14~0.3	17
M1144	3、1、0.86	0.86	1.5、0.41~0.45	1.5、0.41~0.45	1.26、0.3	5
M1142	3.02、1、1.02	1.02	1.5~1.52、0.5-0.52	1.3、0.5	1.3、0.24~0.32	9
M1120	3.34、0.92、0.9	1	1.48~1.5、0.48-0.5	1.19、05	1.2、0.28~0.3	14
无墓门设施的墓							
墓号	砖室尺寸（长、宽、高）	门框砖（高）	左、右壁砖尺寸（长、宽）	后壁砖尺寸（长、宽）	地砖尺寸（长、宽）	随葬品（件）
M1121	2.63、1、1	1、0.5	1.2~1.42、0.5	1.28、0.5	1.48、0.45~0.5	2

（续表）

| M1118 | 2.36、0.87 | 1.12、0.45 | 1.16~1.18、0.45 | 1.08、0.45 | 1.1、0.42~0.46 | 4 |
| M1124 | 3、0.92、0.9 | 1 | 1.48~1.5、0.48~0.5 | 1.19、0.5 | 1.2、0.28~0.3 | 2 |

前部冲毁的墓					
墓号	砖室尺寸（长、宽、高）	门框砖（高）	左、右壁砖尺寸（长、宽）	后壁砖尺寸（长、宽）	地砖尺寸（长、宽）	随葬品（件）
M1143	3.02、0.73、1.02	−	1.5~1.53、0.5	1、0.5	1、0.26~0.3	2
M1141	2.98、1	−	1.5、0.45	1.3、0.45	1.3、0.3	3
M1138	3、0.92	−	1.5~1.51、0.5	1.18、0.5	1.2、0.3~0.46	8
M1139	3、0.91	−	1.5~1.52、0.5	1.2、0.5	1.2、0.24~0.3	2
M1140	3.09、0.92、1.02	−	1.5~1.6、0.5~0.52	1.2、05	1.2、0.26~0.3	3

附表 5　陵园路 16 座早期空心砖墓和空心砖情况 *（长度单位：米）

墓号	耳室	墓室尺寸（长、宽、高）	门砖（长、宽、厚）	左右壁砖（长、宽、厚）	后壁砖（长、宽、厚）	地砖（长、宽、厚）
M1630	墓道	3.8、1.36、1.1	门槛砖 1.82、0.2、0.15	1.78~2、0.55、0.14	1.64、0.62、0.14	1.13、0.35、0.14
M1631	墓道	3.4、1.26、1.65	−	1.6~1.8、0.82、0.15	1.56、0.82、0.16	1.04、0.31、0.15
M1632	无	4.26、1.56、1.4	门柱 1.08、0.16、0.14	2.05、0.65、0.16	1.52、0.65、0.16	长度不明，宽 0.4、厚 0.16（9 块）和宽 0.3、厚 0.16（2 块）
M1633	无	3.2、0.95、1	门柱 1.1、0.16~0.2、0.18 封门砖 1、0.46、0.16	1.6、0.5、0.14	1.21、0.5、0.14	1.21、0.37、0.14
M1634	无	3、1.1、1	封门砖 1.04、0.7、0.14	1.44~1.56、0.5、0.16	1.40、0.5、0.14	1、0.38~0.50、0.14
M1635	无	3.32、1.05	门槛砖 1.42、0.25、0.14 门柱 1、0.2、0.17	1.6~1.72、0.5、0.15	1.35、0.5、0.15	1、0.29~0.35、0.14
M1636	无	3.3、1.1、1.2	门柱 1.2、0.2、0.16	1.64、0.6、0.16	1.41、0.6、0.16	1.41、0.31~0.37、0.14
M1639	无	3.24、1.2、1.2	门槛砖 1.75、0.18、0.14 门柱 1.2、0.27、0.19	1.56~1.7、0.6、0.14	1.48、0.6、0.14	1.2~1.48、0.22~0.38、0.14
M1648	无	2.5、0.63、0.8	门楣砖 0.92、0.23、0.16 门柱 0.82、0.2、0.14 封门砖 0.84、宽不明、0.16	1.32~1.4、0.42、0.14	0.64、0.55、0.2	1.3、宽度不明、0.14
M1655	墓道	2.8、1.2	门柱 1、0.24、0.16	1.4、0.5	不存	1.36、0.3~0.4、0.16
M1659	无	2.8、1.1、1	门柱 1、0.2、0.15	1.4、0.5、0.14	1.38、0.5、0.14	1.1、0.36~0.4、0.14
M1660	墓室	2.8、1.3、1.1	门柱 1.10、0.2、0.14	1.4、0.56	−	−
M1668	无	3.8、1.2、1.15	门柱 1.14、0.2、0.17	1.8、0.57、0.18	1.57、0.58、0.17	长不明、0.4、0.18
M1673	墓道	2.74、1、1.1	门柱 1.06、0.17、0.12	1.1~1.22、0.47、0.12	−	1、0.3~0.34、0.12
M1675	无	3.7、1、1.04	门柱 1.24、0.18、0.14	1.5~1.52、0.52	（直立）高 1.3、厚 0.16	1、0.3~0.5、0.16
M1679	无	2.76、1、0.95	门柱 0.95、0.22、0.13	1.34~1.44、0.47、0.14	1.24、0.48、0.14	1、0.22~0.46、0.12

附表6 陵园路5座中期空心砖墓和空心砖情况（长度单位：米）

墓号	墓室尺寸（长、宽、高）	门砖（长、宽、厚）	左右壁砖（长、宽、厚）	后壁砖（长、宽、厚）	地砖（长、宽、厚）
M1642 双棺室，无耳室	2.3、0.6、1.04 2.2、0.7	门框砖0.52、0.18、0.12 封门0.52、0.52、0.12	1.14~1.16、0.52、0.12	0.84、0.52、0.12	0.82、0.35、0.12
M1644 双棺室，墓室有耳室	2.7、0.78、0.76 2.7、0.8、0.76	门框砖0.8、0.18、0.12	1.46~1.48、0.5	0.88~1、0.38、0.1	1.04、0.31、0.15
M1653 双棺室，无耳室	3.2、0.7、1.1 3.4、0.7、1.1	门框砖0.6、0.16、0.1~0.12	1.1、0.4、0.1	0.92~0.96、0.48	长0.86~1.08
M1657 单棺室，有墓道耳室	3.4、1.22、1.4	门框砖1.14、0.24、0.18 封门砖1、0.46、0.16	1.7~1.72、0.56、0.2	1.54、0.58、0.2	1.5、0.32~0.42、0.2
M1674 单棺室，无耳室	2.78、0.92、1	封门砖1.2、0.46、0.14	1.26~1.3、0.5、0.12	1.22、0.5、0.12	1、0.32~0.36、0.14

★附表5和附表6中的墓砖尺寸为笔者根据墓葬原始平面图测量取得

附表7 西郊13座西汉中期空心砖墓形制

西汉中期墓10座	
墓号	墓葬形制
M3051	平顶双棺室（两次造）
M3119	双棺室（两次造），一平顶、一弧顶（小砖券）
M3081	平顶双棺室
M3129	平顶双棺室
M3142	平顶双棺室
M3149	平顶双棺室
M3163	平顶双棺室
M3194	平顶双棺室
M3207	平顶双棺室
M3203	弧顶单棺室（小砖券）
西汉晚期墓3座	
墓号	墓葬形制
M3057	平顶双棺室（两次造）
M3227	弧顶单棺室（平脊斜坡顶）
M3259	平顶双棺室

附表 8 壁砖尺寸和放置方式表（长度单位：米）

西汉早期墓		
墓号	尺寸	放置方式
黄河河道李家庄村 16 座	13 座墓的左右壁砖长度超过 1.4 米（含 1.4 米），4 座墓的后壁砖长度超过 1.4 米。详见表 4	侧立 2 层
陵园路 16 座	13 座墓的左右壁砖长度超过 1.4 米（含 1.4 米），7 座墓的后壁砖长度超过 1.4 米。详见附表 5	侧立 2 层
铁门镇 9 座 ★	1.2~1.9 米，至少 6 座墓的左右壁砖长度超过 1.4 米	侧立 3 层
邙山 2 座 ★	1.02~1.14 米	侧立 1 层
北郊 C8M574	1.45 米	侧立 2 层、1 块直立
苗南村 IM3483	东西壁砖长 1.6，后壁砖约 1 米。	侧立 2 层
北邙 IM45	左右前后壁砖均 1.42 米	侧立 2 层
西汉中期墓		
墓号	壁砖	壁砖放置方式
烧沟 5 座墓 ★	左右后壁砖均 1~1.2 米	
西郊 10 座墓	其中 3 座墓左右后壁砖均 1~1.2 米	侧立 2 层
陵园路 5 座	2 座墓的左右壁砖长度超过 1.4 米，1 座墓的后壁砖长度超过 1.4 米。其余 3 座墓壁砖长 0.92~1.3 米。详见附表 6	侧立 2 层
邙山 2 座 ★	1.14	侧立 1 层
吉利区 C9M2365	1~1.26 米	侧立 3 层
全谷园 HM1	1.1 米	侧立 2 层
宜阳牌窑画像砖墓	1.6~1.81 米	侧立 2 层
火车站 IM1779	1.15~1.2 米	侧立 2 层
西汉晚期墓		
烧沟 17 座墓 ★	左右后壁砖均 1~1.2 米	
西郊 3 座墓 ★	M3227，1 米左右	侧立 2-3 层
吉利区 C9M2441	1.08 米	侧立 2 层
新安县铁门墓 17 ★	1.2 米	侧立 3 层
卜千秋壁画墓	1.08~1.24 米	前左右壁直立，后壁侧立
浅井头壁画墓	1.08~1.2	前左右壁直立，后壁侧立
烧沟 61 号壁画墓	1.06~1.37 米	前左右壁直立，后壁侧立
张就墓	1.1 米	左右壁直立，后壁侧立
春都花园 IM2354	1.1 米	左右壁直立，后壁侧立
老城西北郊 81 号墓 ★	1 米左右	前左右壁直立，后壁侧立
C1M35	1.08	侧立 3 层
金谷园新莽壁画墓 ★	1 米左右	左右壁侧立 2 层、1 块直立，后壁侧立
偃师县新莽壁画墓	1.33 米	前后左右壁直立

加 ★ 号的是指报告中没有给出空心砖尺寸的墓，表中的数据是根据墓室结构和尺寸推测的。

下編

壹

考古发掘的画像空心砖

　　截至目前，洛阳地区考古发掘的西汉画像空心砖墓有7座，其中阴纹画像砖墓4座，阳纹（含浅浮雕）画像砖墓有3座。有些墓葬是近年的新发现，资料尚未整理公布。墓葬数量虽少，而且有的损毁严重，但墓葬的相对年代清楚，画像砖的位置明确，砖型和砖上的现象较多，为研究画像空心砖墓形制和盗掘出土的画像空心砖提供科学的依据。

一、史家屯 M18955 西汉空心砖墓画像砖

1. 马画像砖（1）

右侧门框
高 1.17、宽 0.28、厚 0.16 米
洛阳市文物考古研究院

竖砖。

一面涂彩。彩面朝向墓外。

一面有画像，另一面素面。朝向墓外一面，上部模印骏马画像，马首朝左，马画像线条内涂红彩。下部模印几何纹，种类有乳钉纹、卷云纹和柿蒂纹，柿蒂纹中间涂白彩。左侧边纹为勾连云纹，右侧边纹为斜绳纹。

骏马画像

画像砖形制

下编　壹　考古发掘的画像空心砖

朝向墓外一面　　　　　　　　　素面

2. 马画像砖（2）

左侧门框
高 1.17、宽 0.28、厚 0.16 米
洛阳市文物考古研究院

竖砖。

一面涂彩。彩面朝向墓外。

一面有画像，另一面素面。朝向墓外一面上的骏马画像和几何纹与右侧门框砖相同。右侧边纹为勾连云纹，左侧边纹为斜绳纹。

下编　壹 考古发掘的画像空心砖

| 1 | 2 |
| | 3 |

1. 朝向墓外一面
2. 几何纹
3. 骏马画像

089

二、宜阳牌窑西汉空心砖墓画像砖

下编　壹 考古发掘的画像空心砖

（一）墓室情况

1	2
3	5
4	6

1. 墓室内景之一（由北壁向南壁墓门方向）
2. 墓室内景之二（由南壁墓门向北壁方向）
3. 墓室东壁南部上层画像砖
4. 墓室东壁北部上层画像砖
5. 南壁山墙（此面朝向墓外）
6. 东侧门框砖与砖上的蓝色玉璧

091

（二）画像砖情况

1. 三角形龙、武士画像砖

三角形砖，四块
南（前）壁、北（后）壁山墙
长1.08、高0.8、厚0.18米
宜阳县文管所

　　四块砖均一面涂彩。南壁山墙的两砖彩面朝向墓内，北壁山墙的两砖彩面朝向墓外。

　　两面画像不同。一面模印武士御龙画像，另一面模印龙画像。武士御龙画像中的龙，龙角是角尖呈蜗状的长角，身躯呈波浪起伏之状，其上饰有圆圈和曲折的双线，鹰爪。武士身着交领左衽短襦、短裤，呈半跪姿势，右手持盾，左手挥舞短剑。另一面的龙画像，龙角似牛角，身躯形状和装饰与背面的龙相似。边纹为带点菱形纹。

　　关于画像的朝向，以武士御龙为例说明。南壁东侧砖武士御龙画像朝向墓外，南壁西侧砖的朝向墓内，北壁东侧砖的朝向墓内，北壁西侧砖的朝向墓外。朝向墓内的画像，上半部均被倾斜放置的墓顶砖遮掩。

南壁山墙东侧的三角形砖（此面朝向墓外，上为武士御龙画像）

下编　壹 考古发掘的画像空心砖

1	
	2
3	

1. 南壁山墙东侧的三角形砖（此面朝向墓内，上为龙画像）
2. 南壁山墙东侧的三角形砖上的朱书文字（"北西"二字）
3. 南壁山墙西侧的三角形砖（此面朝向墓内，上为武士御龙画像）

2. 凤鸟、鸿雁画像砖

门楣
长 1.79、高 0.41、厚 0.18 米
宜阳县文管所

　　门楣砖形制特别，是根据结构需要特制的。特别之处表现在：其一，砖的高度小于其他壁砖。其二，朝向墓内的一面，左、右两端有牙榫，下端中部有一段凹槽。两端牙榫长 0.18、宽 0.4、厚 0.15 米，用途是容纳与之相邻的、成直角转折的左、右壁砖，以防止壁砖向墓内倾倒，凹槽长 0.88、宽 0.04、深 0.025 米，用途是容纳木质门扉。其三，底面有左右对称的圆形凹窝和长方形凹槽。圆形凹窝直径 0.04 米，用途是容纳门枢。长方形凹槽长 0.56、宽 0.05、深 0.35 米，用途是容纳门框砖上侧面的牙榫。

　　该砖一面涂彩，彩面朝向墓内。

　　两面画像不同。朝向墓室的砖面模印 3 只凤鸟画像，上边纹为勾连云纹，下边纹为带点菱形纹。朝向墓外的砖面模印 7 对大雁，上、下边纹为带点菱形纹。

下编　壹 考古发掘的画像空心砖

2	
3	4
1	5

1. 门楣砖（此面朝向墓内）
2. 门楣砖局部（此面朝向墓外）
3. 凤鸟画像
4. 大雁画像
5. 门楣砖底面的圆形凹窝和长方形凹槽

095

3. 骏马、树木、白虎画像砖（1）

四块

东、西墓壁。具体分布是，东壁南部上层（砖上刻写"东南上"），东壁北部下层（砖上刻写"东北下"），西壁南部上层，西壁北部下层（砖上刻写"西北下"）

长1.82、宽0.54、厚0.18米

宜阳县文管所

　　四块砖均一面涂彩，彩面朝向墓内。下层砖上绘有白色或蓝色的玉璧，上层砖上有红彩绘出的山峦。

　　两面画像相同，上面模印2匹骏马、2只白虎和2棵树木画像。上边纹为勾连云纹，下边纹为带点菱形纹。

东壁南部上层画像砖局部（两匹骏马画像之间刻写"东南上"）

下编　壹 考古发掘的画像空心砖

1	2
3	4

1. 东壁北部上层画像砖上的树木画像
2. 西壁北部上层画像砖局部（上面有红彩绘出的山峦）
3. 白虎画像
4. 树木画像

5. 骏马、树木、白虎画像砖（3）

二块

北（后）壁

长 1.8、宽 0.55、厚 0.19 米

宜阳县文管所

　　两砖上下叠砌，朝向墓内的砖面左、右两端有牙榫，榫长 0.2、宽 0.55、厚 0.15 米。

　　二块砖均一面涂彩，彩面朝向墓外。下层砖上绘有白色玉璧。

　　两面画像相同。上层砖上面模印 1 匹骏马、2 只白虎和 2 棵树木画像。下层砖模印 1 匹骏马、2 只白虎、2 棵树木和一对大雁画像。两砖的边缘纹饰相同，上边纹为勾连云纹，下边纹为带点菱形纹。

北壁画像砖

三、史家屯 M190 西汉空心砖墓画像砖

1. 持戟武士画像砖

东侧门框
高 0.614~0.64、宽 0.49、厚 0.155~0.175 米
洛阳市文物考古研究院

竖砖。上侧面中部有牙榫，榫高 0.02 米。朝向墓内一面的两端有牙榫，左端牙榫长 0.04、厚 0.16 米，用途是容纳门扉，右端牙榫长 0.138、厚 0.155 米，用途是承接东壁壁砖。

一面有画像，另一面素面。有画像的一面朝向墓内，砖面左侧涂朱，右侧模印持戟武士画像。武士面右，头戴冠，冠的前部有一向上翻卷的突起，身穿长襦，腰间除了腰带另系一根剑带，足穿絇履。右手持戟，腰间佩剑。佩剑通过剑璏悬挂在剑带上。素面朝向墓外。

朝向墓外一面与底面

下编　壹 考古发掘的画像空心砖

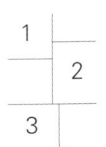

1	
	2
3	

1. 持戟武士画像
2. 朝向墓外一面与上侧面牙榫
3. 上侧面

洛阳西汉画像空心砖发现与研究 ◆

1	
3	2

1. 朝向墓内一面
2. 上侧面与左侧面
3. 朝向墓内一面与右侧面

2. 驯马、狩猎画像砖（1）

南壁东部下层
长 1.712、高 0.5（外侧）~0.525（内侧）、厚 0.172 米
洛阳市文物考古研究院

  画像砖的上侧面呈前高后低两个层面。
  两面画像不同。朝向墓内的一面模印骏马、树木、猎鹰、凤鸟和白虎画像。骏马的缰绳系在树枝上。朝向墓外的一面模印弓箭手、双鹿、白虎、猎鹰和凤鸟画像。上、下边纹为勾连云纹，上边纹长15.4、高8.7厘米，下边纹长10.5、高4.2厘米。下侧面有纹饰，两边是勾连云纹，中间是柿蒂纹。

朝向墓内一面拓片

朝向墓内一面

洛阳西汉画像空心砖发现与研究 ◆

1. 画像砖形制（朝向墓内一面与底面）
2. 朝向墓外一面拓片
3. 朝向墓外一面

下编　壹 考古发掘的画像空心砖

4. 底面纹饰
5. 发掘现场之一
6. 发掘现场之二
7. 上侧面
8. 底面

3. 驯马、狩猎画像砖（2）

南壁西部下层
长 1.65、高 0.5（外侧）~0.525（内侧）、厚 0.172 米
洛阳市文物考古研究院

　　形制与前页画像砖相同。
　　两面画像不同。朝向墓内一面模印弓箭手、双鹿、猎豹、白虎、猎鹰、树木和凤鸟画像。朝向墓外一面模印驯马、树木、鹤和猎豹画像。上、下边纹的种类、尺寸与前页画像砖相同。

1	2
3	

1. 猎鹰画像
2. 猎豹画像
3. 画像砖形制（朝向墓外一面与底面）

下编　壹 考古发掘的画像空心砖

4	5
6	
7	

4. 弓箭手画像（发掘现场拍摄）
5. 猎豹、双鹿画像（发掘现场拍摄）
6. 朝向墓内一面局部一（发掘现场拍摄）
7. 朝向墓内一面局部二（发掘现场拍摄）

109

洛阳西汉画像空心砖发现与研究

下编　壹 考古发掘的画像空心砖

12

13

14

8. 端面
9. 上侧面
10. 朝向墓内一面拓片
11. 朝向墓内一面
12. 驯马画像
13. 朝向墓外一侧拓片
14. 朝向墓外一侧

4. 驯马、狩猎画像砖（3）

北壁东侧下层

残片

洛阳市文物考古研究院

朝向墓内一面，有驯马、凤鸟和仙鹤画像。

1	2
3	4

1. 刻画的缰绳
2. 骏马与仙鹤画像
3. 画像砖局部（发掘现场拍摄）
4. 驯马人画像

5. 树木、仙鹤画像砖

西（后）壁下层
长 1.74、高 0.515（外侧）-0.54（内侧）、厚 0.172 米
洛阳市文物考古研究院

朝向墓内一面两端有牙榫，榫长 0.17 米。砖的上侧面呈前高后低两个层面。

两面画像不同。朝向墓内一面模印骏马、树木、猎鹰、鹤、虎画像。朝向墓外一面，画像种类与背面相同，但数量有差，此面的树木画像有三种式样，其中一种式样别致。上、下边纹为勾连云纹。

1	2
3	

1. 左端面和牙榫
2. 左端面
3. 上侧面

洛阳西汉画像空心砖发现与研究 ◆

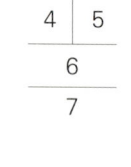

4	5
6	
7	

4. 白虎画像（发掘现场拍摄）
5. 朝向墓内一面局部（发掘现场拍摄）
6. 朝向墓内一面拓片
7. 朝向墓内一面

114

下编　壹 考古发掘的画像空心砖

| 8 | 9 |
| 10 |
| 11 |

8. 式样别致的树木画像
9. 朝向墓外一面局部
10. 朝向墓外一面拓片
11. 朝向墓外一面

115

四、史家屯 M193 西汉空心砖墓画像砖

1. 六天马画像砖

二块

甬道东（前）壁上层、下层

长 1.43、高 0.53、厚 0.17 米

洛阳市文物考古研究院

　　画像砖的一面一端被切去长 0.07、厚 0.06 米的一块，出现缺角。

　　两面画像相同。上面模印 6 匹天马画像。天马分两组，每组 3 匹，相对而立。天马有四种式样，左一、左二为第一种式样，右一、右二为第二种式样，中间 2 匹分属第三、第四种式样。上边纹由两条带点菱形纹、嘉禾纹和卷草瑞芝纹组成，下边纹少一条带点菱形纹，左、右两侧边缘只有带点菱形纹。带点菱形纹长 11.5、高 5.3 厘米，嘉禾纹长 5.4、高 2.5 厘米，卷草瑞芝纹长 10.7、高 4.2 厘米。上侧面有两条带点菱形纹。

画像砖形制

画像砖上侧面及其纹饰

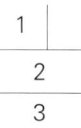

洛阳西汉画像空心砖发现与研究 ◆

118

下编　壹 考古发掘的画像空心砖

4
5
6

1. 上侧边纹
2. 完整砖面的拓片
3. 完整砖面
4. 天马画像
5. 缺角砖面的拓片
6. 缺角砖面

2. 三天马画像砖

三块

甬道北壁上层、下层，甬道南壁上层

长 1.25、高 0.535、厚 0.17 米

洛阳市文物考古研究院

两面画像相同。上面模印3匹天马画像。天马有两种式样，左一为第一种式样，右一、右二为第二种式样。边纹为带点菱形纹和勾连云纹。带点菱形纹长9.5、高4.5厘米，勾连云纹长8.2、高5.5厘米。上侧面有两条带点菱形纹。

画像砖形制

下编　壹 考古发掘的画像空心砖

1
2
3

1. 画像砖拓片
2. 画像砖另一面拓片
3. 画像砖上侧面及其纹饰

3. 空白砖

甬道南壁下层
长 1.25、高 0.538、厚 0.17 米
洛阳市文物考古研究院

　　两面仅模印边纹。上、下边纹由勾连云纹、双结纹和带点菱形纹组成，左、右边纹只有带点菱形纹。双结纹长 11.4、高 2.1 厘米。上侧面有两条带点菱形纹。

画像砖形制

下编　壹 考古发掘的画像空心砖

1
2
3

1. 上侧面及其纹饰
2. 边缘纹饰
3. 空白砖拓片

4. 驯虎、天马画像砖

八块
墓室北壁、南壁"工"形砖的两侧
长 1.57、高 0.535、厚 0.17 米
洛阳市文物考古研究院

形制特别。特别之处表现在：其一，位于墓壁下层的砖，上侧面呈前高后低两个层面，位于上层的砖，下侧面呈前低后高两个层面。其二，朝向墓内的砖面，一端被切去长 0.07、厚 0.06 米的一块，出现缺角。位于"工"形砖左侧的砖缺右角，反之缺左角。

两面画像相同。上面模印人物驯虎和 4 匹天马画像。4 匹天马式样各不相同。边纹种类和布局与甬道部位的六天马画像砖相同。

画像砖形制

下编　壹 考古发掘的画像空心砖

1
2
3
4

1. 天马画像
2. 朝向墓外一面拓片
3. 朝向墓外一面
4. 画像砖上侧面

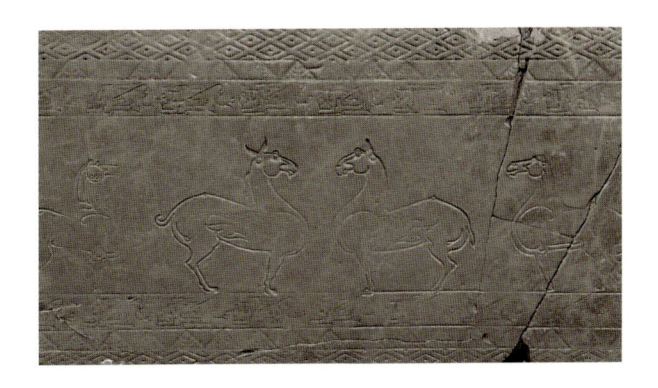

125

洛阳西汉画像空心砖发现与研究 ◆

5
6
7

5. 驯虎画像
6. 缺角一面拓片
7. 缺角一面（朝向墓内）

5. 六天马画像砖

二块
墓室西（后）壁上层、下层
长1.84、高0.535米
洛阳市文物考古研究院

形制特别。朝向墓内一面两端有牙榫。下层砖的上侧面呈前高后低两个层面，上层砖的下侧面呈前低后高两个层面。

两面画像相同。上面模印6匹天马画像，天马的式样和排列以及上、下边纹均与甬道六天马画像砖相同。

画像砖（发掘现场拍摄）

五、浅井头西汉空心砖墓画像砖

1. 树木、鸦鸟画像砖

六块

墓室后壁

长1.08、高0.45、厚0.12米

洛阳古墓博物馆

　　两面画像相同。砖面中部模印四行三联菱格纹，其上方是一排树木画像，下方是一排鸦鸟、一排树木画像，鸦鸟立于树木顶端。上、下边纹为菱格纹和直方格纹。菱格纹长13.3、宽4.8厘米，直方格纹长14.7厘米。

	2	
1		3
	4	

1. 画像砖拓片
2. 树木鸦鸟画像（鸦鸟高5.2厘米）
3. 树木画像（树木高8.6、宽3.9厘米，三联菱格纹长4.3、高2.2厘米）
4. 画像砖

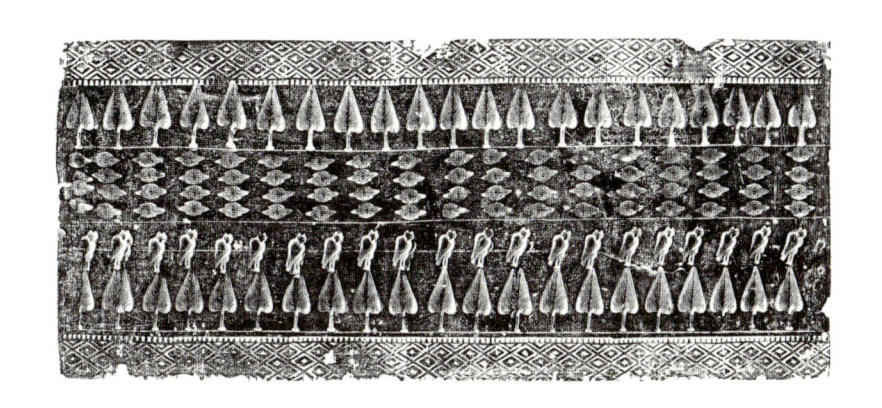

六、偃师辛村新莽空心砖墓画像砖

1. 青龙画像砖

东侧门框
残高 1.1、宽 0.2、厚 0.29 米
偃师商城博物馆

　　形制特别。框砖分前（朝向墓外）、中、后三个部分，中部与前部等高，但左侧（朝向门道）比前部宽出约 3.5 厘米，宽出部分上端呈斜坡状，后部左侧比中部又宽出 3.7 厘米，后部较中部低约 12 厘米。

　　砖的四面皆模印花纹。前面（朝向墓外一面）上方有浅浮雕的青龙画像，下方是几何纹，种类有卷云纹和十字纹。边纹为菱格纹和直方格纹。左、右和后面皆模印几何纹，种类主要是三联菱格纹。

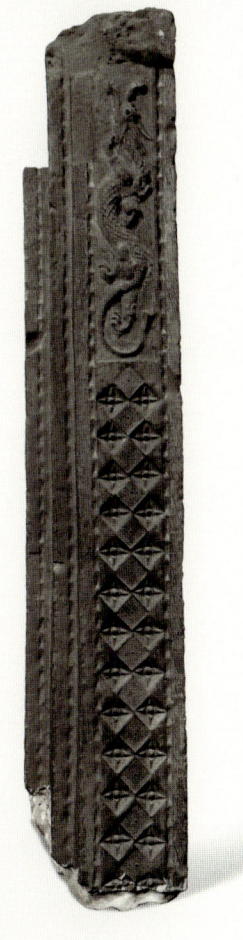

前面

画像砖形制（前面与左侧面）

洛阳西汉画像空心砖发现与研究 ◆

青龙画像（长 37.5、高 8.2 厘米）

画像砖形制（正面与残断的底面）

2. 白虎画像砖

西侧门框
高 1.54、宽 0.2、厚 0.29 米
偃师商城博物馆

形制与青龙画像砖基本相同，右侧面朝向门道。
四面模印的几何纹种类与青龙画像砖相同，唯正面上方是浅浮雕的白虎画像。

1		
	2	3

1. 白虎画像（长38.2、高8.7厘米）
2. 正面
3. 右侧面

3. 青龙、白虎画像砖

二块
中室与后室之间的隔梁下层
长 1.305、高 0.375 米
偃师商城博物馆

砖的一面下方切去一条，出现缺角。砖面上有一个突出的斗拱。

两面装饰不同。有缺角的一面朝前（墓门方向），上面模印青龙和白虎画像，在龙、虎画像之间模印"富贵宜子孙"五字。砖面其余部分模印几何纹。另一面朝向后壁，上面模印几何纹。

缺角的一面

朝向后壁的一面

下编 壹 考古发掘的画像空心砖

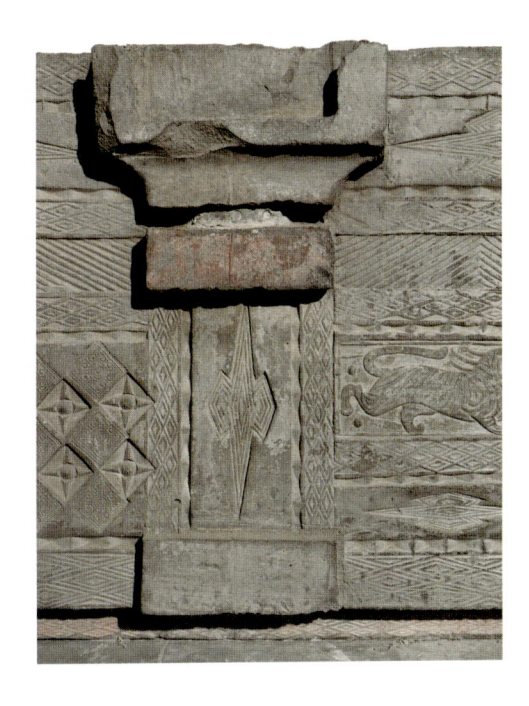

1	2
3	4
	5

1. 右端面
2. 缺角的一面局部
3. 斗拱
4. 白虎画像（长14.7、高6厘米）
5. 青龙画像（长14.3、高6.4厘米）

135

七、偃师保庄村新莽空心砖墓画像砖

1. 青龙、白虎、玉璧、树木画像砖

二块
东墓、西墓门楣
偃师区文物局

　　形制特别。砖底面后部中间有一条两头抹角的凸棱。
　　两面装饰不同。朝向墓外一面中部模印青龙、白虎、玉璧和树木画像，两侧是几何纹，上、下边纹为三条菱格纹和直方格纹。背面模印几何纹，种类有卷云纹和逗点纹，上、下边纹有三条菱格纹。

东墓门楣砖朝向墓外一面

东墓门楣砖背面

1. 东墓门楣砖画像
2. 西墓门楣砖画像(发掘现场拍摄)
3. 东墓门楣砖背面局部
4. 东墓门楣砖底面凸棱

2. 铺首、树木画像砖

六块
东墓、西墓封门
偃师区文物局

竖砖。

两面装饰不同。一面中部偏上模印铺首衔环和树木画像，铺首眼睛下方、鼻子两侧有两条肢爪，其余部分是几何纹。几何纹种类有菱形纹、直方格纹、卷云纹和十字纹。另一面均模印几何纹，种类与另一面相同。

东墓的封门砖有画像的一面朝向墓内，西墓的封门砖有画像的一面朝向墓外。

封门砖局部

铺首树木画像

贰

非考古出土的画像空心砖

　　自二十世纪初期面世以来，洛阳出土的西汉画像空心砖有近千块，其中九成以上为非考古出土，国内外的许多博物馆收藏有洛阳西汉画像空心砖。

　　从考古资料可知，一座画像空心砖墓中使用的画像砖数量有限，砖上画像的种类、排列和边纹基本相同，横向放置的长方形壁砖通常一长一短，但高度和厚度基本相同。基于此，在编排画像空心砖时，本书有意识地将画像、边纹相同，尺寸相近的画像砖放在一起。

　　洛阳画像空心砖有阴纹砖和阳纹砖两种，两种砖流行时间不同，画像风格也不同。

一、阴纹画像空心砖

阴纹画像是指构成画像的线条是低于砖面的阴纹线条。阴纹画像均为单体画像，画像的种类多，尺幅大。画像的种类有人物、马、凤鸟、龙、虎、鹤、豹、猎犬、鹰隼、树木、嘉禾、铺首等二十余种，每种画像又有不同的式样。样式最多的是人物画像，有 23 种，其次是马画像和凤鸟画像，分别有 21 种和 16 种。一块阴纹砖上，画像的种类至少有一种，多的则有七八种，画像的数量最少是 1 个，最多有 36 个。画像排列疏朗，错落有致。整砖画像事先经过设计，而后由工匠或精心排布，或随意按压地印在砖上。画像之间没有界线，画面给人浑然一体的感觉。

画像的题材内容可归纳为三类：一是表现趋吉避凶；二是表现羽化升仙；三是表现社会风尚。

（一）带彩画像空心砖

考古发掘的宜阳牌窑西汉墓中出土有彩绘画像砖，非考古出土的画像砖中也有少量的彩绘砖。考察发现，砖上彩绘的制作有繁、简两种。繁者有两道工序，其一给画像上的线条填色，其二给线条之间的空白处涂色，如加拿大皇家安大略博物馆收藏的三角形砖上的武士御龙画像，"勾勒"线条的颜色有红、白两色，涂抹空白处的有红、白、蓝三种颜色。简者只有给画像涂色一道工序，如美国尼尔森－阿特金斯博物馆的武士凤鸟画像砖，根据需要用褐、白、粉三色为画像涂色。

《荀子·礼论》："丧礼者，以生者饰死者也，大象其生以送其死也。"画像砖上施彩是"大象其生"的需要，它进一步增加了墓室"宅第化"的观感。

1. 天马、树木、吉猴、鸿雁画像砖

长 1.31、高 0.54、厚 0.85 米

加拿大皇家安大略博物馆（馆藏号：931.40.1）

图片由加拿大皇家安大略博物馆提供

此砖被锯成两半，只存一面。

砖面涂彩。上层是在空中飞翔的大雁，下层是树木和天马。天马头部细长，眼睛滚圆，腮部硕大夸张，并有三个圆形斑点，身体浑实饱满，马腿较短。树木右边有一只猴子立在枝杈上。

上边纹由三条纹饰带组成，下边纹是斜线纹。

上侧面有纹饰。

2. 持戈武士画像砖

竖砖，高 1.01、宽 0.406 米
美国纳尔逊—阿特金斯艺术博物馆（馆藏号：33-8/14）
图片由纳尔逊—阿特金斯艺术博物馆提供

上有 2 名持戈武士画像。持戈武士上下排列，涂彩。
边纹为带点菱形纹。

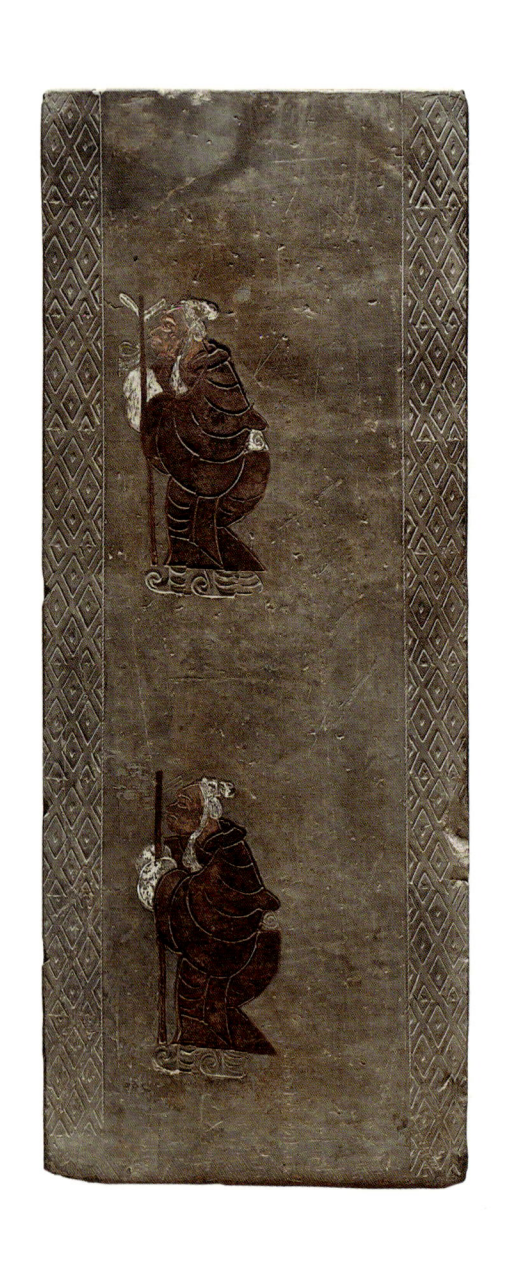

3. 持戈武士、凤鸟画像砖

竖砖，高 1.01、长 0.406、厚 0.069 米
美国纳尔逊—阿特金斯艺术博物馆（馆藏号：33-8/113）
图片由纳尔逊—阿特金斯艺术博物馆提供

此砖为半片砖，即一块砖被锯成了两片。
上有 2 名持戈武士和 3 只凤鸟画像。
持戈武士和凤鸟上下排列，涂彩。凤鸟右边、下边有印模边框痕迹。
边纹为带点菱形纹。

4. 三角形龙、武士画像砖

三角形砖，长 1.07、高 0.815、厚 0.175 米
加拿大皇家安大略博物馆（馆藏号：931.13.186）
图片由加拿大皇家安大略博物馆提供

此砖为山墙砖。

两面画像不同。

A 面：涂彩，上有武士御龙画像。龙角是角尖呈蜗状的长角，身躯呈波浪起伏之状，其上饰有圆圈和曲折的双线，鹰爪。武士身着交领左衽短襦、短裤，呈半跪的姿势，右手持盾，左手挥舞短剑。

B 面：有一龙画像。龙的形状和装饰与A面相似，细部略有差别，龙角似牛角。

斜边和短直角边的边纹是勾连云纹，底边边纹是斜线纹。高端面有两个圆孔，圆孔之间刻有"南和西"三字。

上侧面有纹饰。

B 面

A 面

5. 长方形龙、武士画像砖

长 1.28、高 0.62、厚 0.08 米
美国休斯敦艺术博物馆（藏品号 69.25）
图片由美国休斯敦艺术博物馆提供

此砖被锯成两片，仅存武士御龙画像一面。
画像涂彩。武士后方和龙尾部分有印模痕迹。
边纹为带点菱形纹。

6. 凤鸟、骏马画像砖

长 1.133、高 0.457、厚 0.0635 米
美国纳尔逊—阿特金斯艺术博物馆（馆藏号：33-8/12）
图片由纳尔逊—阿特金斯艺术博物馆提供

此砖为半片砖。
涂彩。上有骏马和长尾凤鸟画像。
边纹为带点菱格纹。

7. 骏马、白虎、群鹤、树木、马驹画像砖

长 1.174、宽 0.463 米
美国纳尔逊—阿特金斯艺术博物馆（馆藏号：33-8/9）
图片由纳尔逊—阿特金斯艺术博物馆提供

有骏马、白虎、群鹤、树木马驹画像。涂彩。
边纹为菱形纹。

（二）尚马主题的画像砖

古代马与人类的关系非常密切。马是农业生产、交通运输的主要动力，也是重要的军用物资，人们对马的喜爱远远超过其他动物，汉代尤其如此。

西汉时期为了抵御和消除匈奴侵边的外患，需要建立力量强大的骑兵队伍。建立骑兵的必备条件是要有大量的马匹，汉初的几位皇帝都非常重视马政。国家设置专门机构负责马匹的养殖和训练工作。为激励民间养马，汉文帝颁布"复马令"，即百姓家中养一匹马可以免除三个人的兵役。一时间帝国上下养马、尚马蔚然成风。尚马之风到汉武帝时期尤其炽盛，《汉书·食货志》记载："天子（指汉武帝）为伐胡故，盛养马。"当时是"众庶街巷有马，阡陌之间成群，而乘字牝者傧而不得会聚"。为改良马种，汉武帝采取贸易、和亲与战争等多种方式先后从乌孙、大宛等国获取良马。见到威武神俊的西域马种，汉武帝喜不自胜，以"天马"为之命名，并亲作两首《天马歌》，认为天马是上天赐给大汉帝国的神物，是祥瑞的象征。

上有所好，下必甚焉。尚马之风遂弥漫全国。画像空心砖上样式多丰富的马画像，正是当时浓郁的尚马风气的直接反映。

1. 双骏马画像砖（1）

竖砖，高 0.91、宽 0.57、厚 0.2 米
洛阳市文物考古研究院

两面装饰花纹不同。

A 面：右边被削去宽 19.6、厚 1.2 厘米的一片，据此判定此砖为右侧门框砖，此面朝向墓内。上有柿蒂纹和带点菱形纹。柿蒂纹长宽均 3.1 厘米。

B 面：此面朝向墓外。有上下排列的 2 匹骏马画像，中间用带点菱形纹隔开。边纹为带点菱形纹。

左、右侧面装饰柿蒂纹和带点菱形纹。

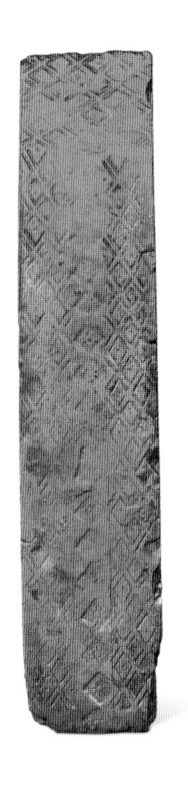

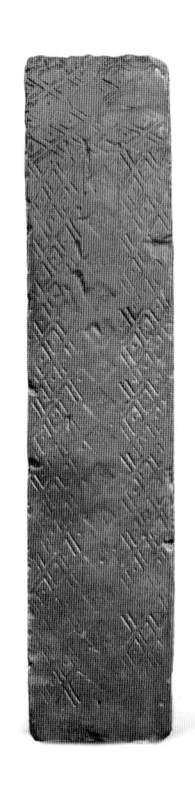

| 1 | 2 | 3 |

1. 右侧面
2. 左侧面
3. A 面与右侧面

洛阳西汉画像空心砖发现与研究 ◆

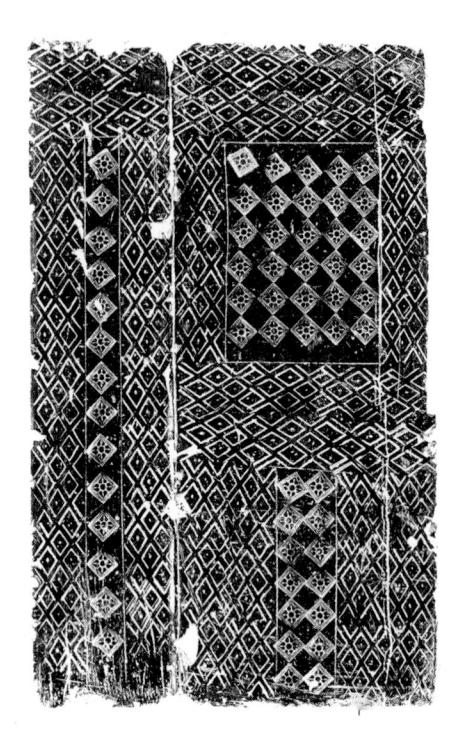

A 面与左侧面拓片

A 面

下编　贰 非考古出土的画像空心砖

B面拓片

B面

2. 双骏马画像砖（2）

长 1、高 0.4、厚 0.14 米
翟泉出土，洛阳市文物考古研究院

两面画像相同。
有 2 匹骏马画像。骏马头戴辔头，马鬃经过修剪，腹部装饰花纹。
边纹为带点菱形纹。
上侧面装饰两条带点菱形纹。

上侧面纹饰

画像砖拓片

3. 双骏马画像砖（3）

长 1.01、高 0.4 米

河南博物院

图片采自《中原文化大典·文物典·画像砖》33 页

有 2 匹骏马画像。

边纹为带点菱形纹。

4. 三骏马画像砖

长 1.42、高 0.53、厚 0.17 米

加拿大皇家安大略博物馆（馆藏号：931.13.126）

图片由加拿大皇家安大略博物馆提供

两面画像不同。

A 面：有 3 匹骏马画像。

B 面：有 2 骏马、1 双鹿、1 猎豹画像。

边纹为勾连云纹和细密的菱形纹。上侧面有纹饰，两边为勾连云纹，中间为柿蒂纹。

A 面

5. 四骏马画像砖

长 1.45、高 0.53、厚 0.16 米
河南博物院

有 4 匹骏马画像。
边纹为三联菱形纹和菱形纹。

6. 骏马、树木画像砖

长 1.22、高 0.45、厚 0.145 米
洛阳市文物考古研究院

两面画像相同。
有树木、骏马画像。树木低矮，枝叶稀疏。
边纹为带点菱形纹。

7. 骏马、树木、凤鸟画像砖

长 1.42、高 0.52 米

洛阳市文物考古研究院

两面画像相同，排列不同。

有树木、骏马、长尾凤鸟画像。

边纹为带点菱形纹。

8. 骏马、白虎画像砖

长 1.25、高 0.52 米
洛阳市文物考古研究院

两面画像相同，排列和数量不同。
A 面：有 2 匹骏马、1 只白虎画像。
B 面：有 1 匹骏马、2 只白虎画像，中间原模印骏马，后被白虎覆盖。
边纹为带点菱形纹。

A 面

B 面

9. 骏马、白虎、树木画像砖

长 1.37、高 0.52、厚 0.17 米
洛阳市文物考古研究院

两面画像相同。
有白虎、骏马、树木画像。
边纹为带点菱形纹。

10. 骏马、仙鹤画像砖

长 1、高 0.47 米
洛阳市文物考古研究院

两面画像相同。
有 2 匹骏马、3 只仙鹤画像。
边纹为带点菱形纹。

11. 天马画像砖

长 1.62、高 0.54、厚 0.17 米
洛阳市文物考古研究院

同样形制的砖洛阳市文物考古研究院收藏有 2 块。
两面画像相同。
有 3 匹天马画像。
边纹为带点菱形纹。

12. 天马、凤鸟画像砖

长 1.36、高 0.52 米
洛阳市文物考古研究院

A 面

两面画像相同。

A面：有2匹天马、6只凤鸟画像。砖面刻有直径0.25米的玉璧。据考古资料可知此面应该朝向墓内。

B面：与A面画像相同。

边纹为带点菱形纹。

B面

13. 天马、树木、吉猴画像砖

长1.66、高0.53、厚0.17米

东赵出土，洛阳古墓博物馆

该砖复原在墓葬中，另一面画像情况不明。

有天马、树木画像，树木右边枝丫上站立一只猴子。

上边纹为勾连云纹和带点菱形纹，下边纹只有勾连云纹。

上侧面有纹饰。

14. 天马、树木、吉猴、鸿雁画像砖

长 1.47、高 0.535、厚 0.17 米

加拿大皇家安大略博物馆（馆藏号：931.13.134）

图片由加拿大皇家安大略博物馆提供

两面画像完全不同。

A 面：有天马、鸿雁、树木、吉猴画像。

上边纹为带点菱形纹、嘉禾和勾连云纹，下边纹只有细密的菱形纹。

B 面：有佩剑武士、秃鹫、树木、吉猴画像。见图版 144 页。

上侧面有纹饰，两边是勾连云纹，中间是柿蒂纹。

A 面

15. 天马、仙鹤画像砖（1）

长 1.43、高 0.53 米、厚 0.17 米
翟泉出土，洛阳市文物考古研究院

两面画像相同，惟数量有差。

A 面：砖面两端各被削去长 15~16.5、厚 2.2 厘米的薄片，据此判断此砖为后壁砖，此面朝向墓内。画面长 1.09 米，有 2 匹天马、1 只仙鹤画像。仙鹤在梳理羽毛。

B 面：画面长 1.43 米，有 1 匹天马、2 只仙鹤画像。

上边纹为勾连云纹、嘉禾、带点菱形纹和三角形米字纹四组纹饰，下边缘装饰一条米字纹。

上侧面有纹饰。下侧面左边有一个圆形孔洞。

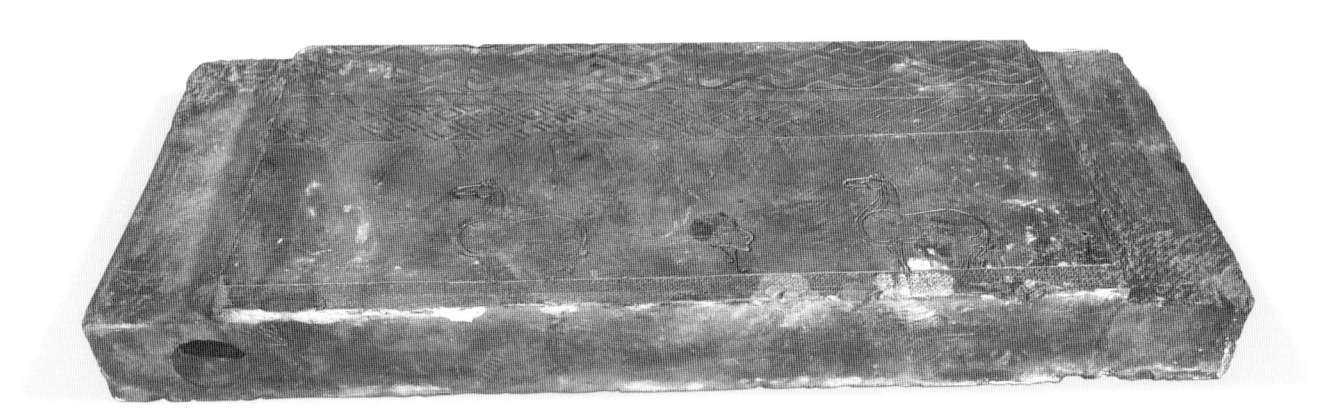

A 面与下侧面

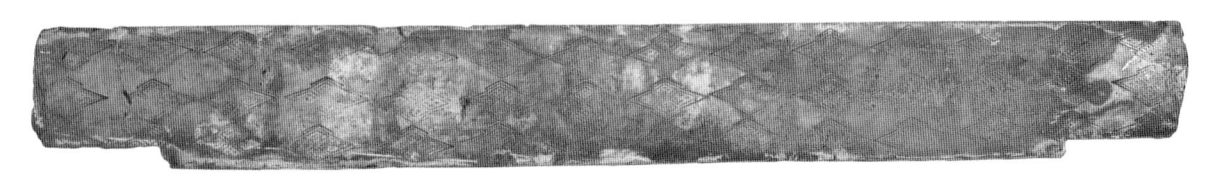

上侧面

洛阳西汉画像空心砖发现与研究 ◆

1	
2	3

1. 上侧面纹饰和右侧被削去一片
2. 右端面
3. A面右侧

下编　贰 非考古出土的画像空心砖

4. A面
5. A面拓片
6. B面拓片

165

16. 天马、仙鹤画像砖（2）

长 1.43、高 0.53 米、高 0.17 米
翟泉出土，洛阳市文物考古研究院

此砖形制与 15 号砖相同。推测两砖同出一墓，为墓室后壁的上层和下层砖。

A 面：画面长 1.08 米，有 2 匹天马、1 只鹤画像。

B 面：有 2 匹天马、2 只鹤。

上边纹为勾连云纹、嘉禾、带点菱形纹和三角形米字纹四组纹饰，下边缘装饰一条米字纹。

上侧面纹饰与 15 号砖相同。

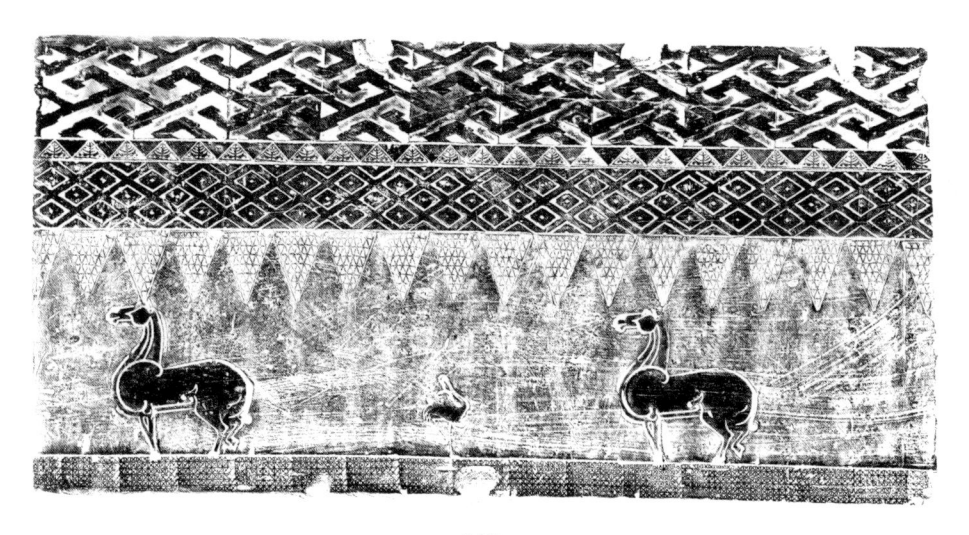

A 面

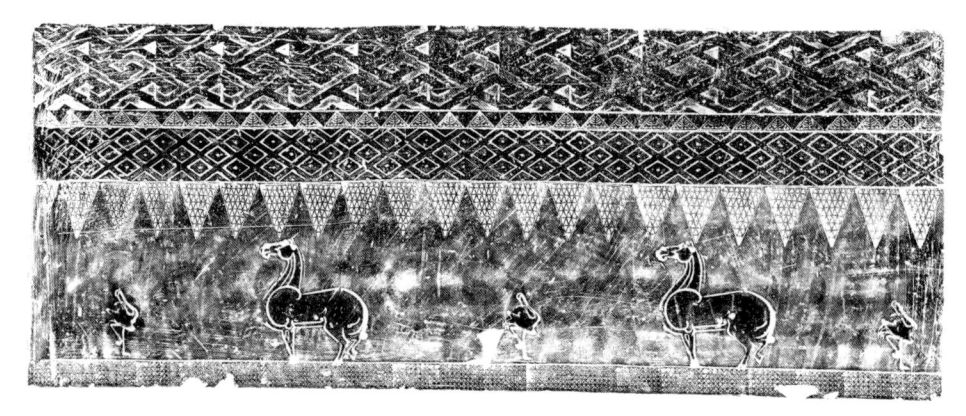

B 面

17. 天马、仙鹤画像砖（3）

长 1.58、高 0.53、厚 0.17 米

洛阳市文物考古研究院

两面画像相同，惟数量有差。

A 面：有 2 匹天马、3 只仙鹤画像。仙鹤在梳理羽毛。

B 面：有 2 匹天马、2 只仙鹤画像。

边纹和上侧面纹饰与 15 号砖相同。

A 面拓片

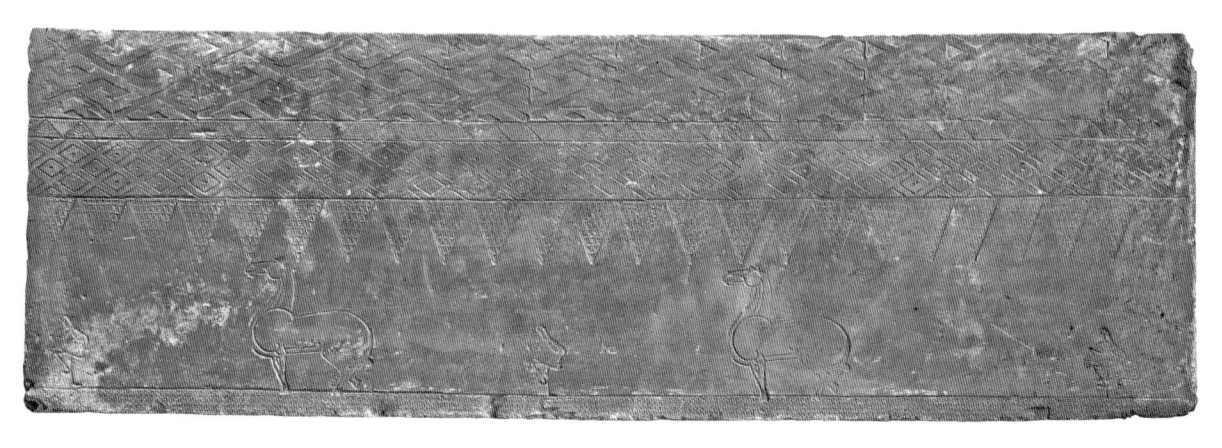

A 面

1	2
3	
4	

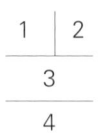

1. 上侧面纹饰
2. 边纹
3. B面拓片
4. B面

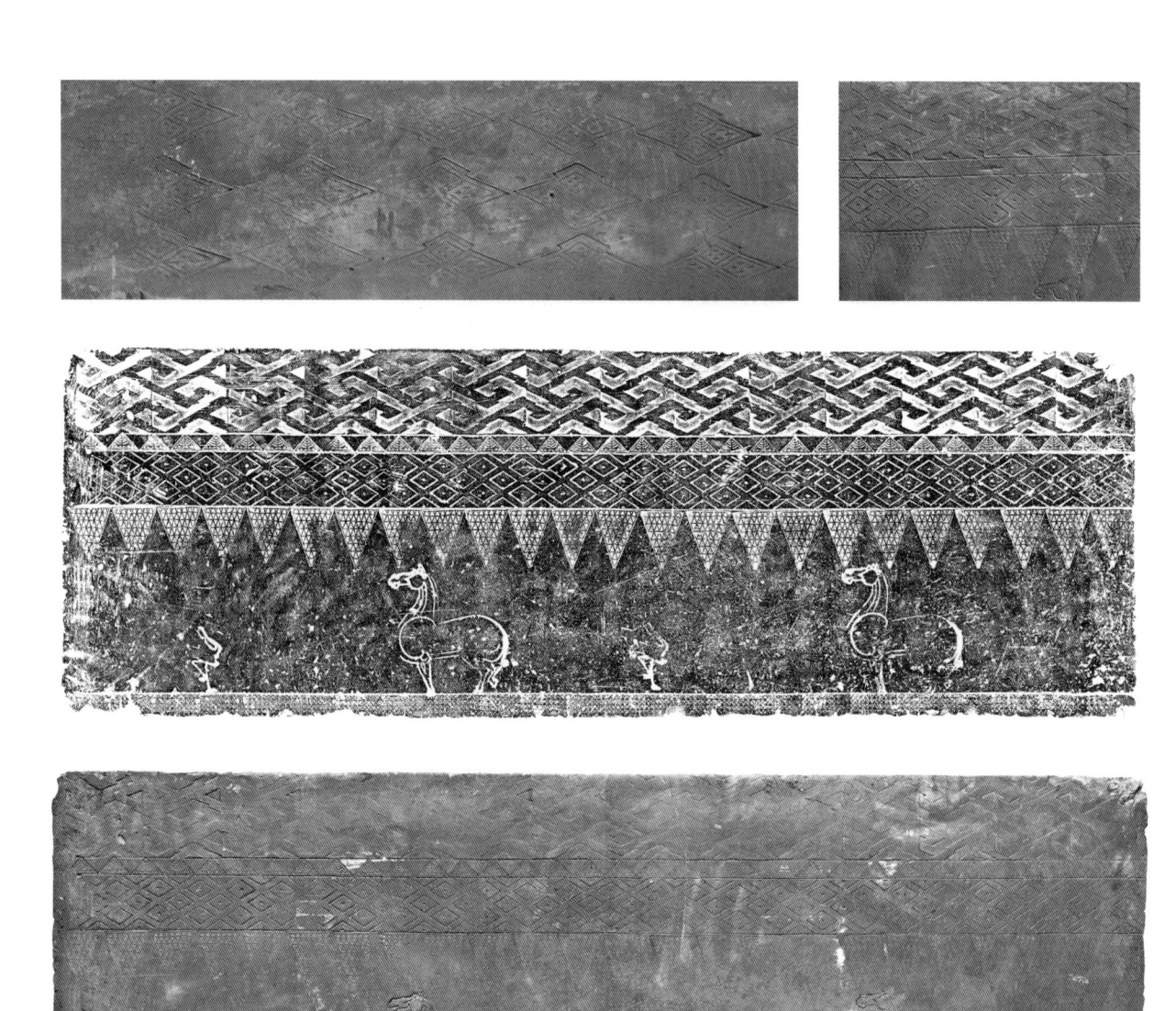

18. 天马、武士、凤鸟画像砖

长 1.22、高 0.53、厚 0.15 米

加拿大皇家安大略博物馆（馆藏号：931.13.139）

图片由加拿大皇家安大略博物馆提供

两面画像相同，唯边缘纹饰略有差异。

有武士、天马、凤鸟画像。武士戴尖角状的冠，冠前有向上卷翘的突起，冠缨很长，结系后垂绥飘至肩后，身穿长襦大裤，长襦前后襟稍长，侧襟略短，足穿绚履，腰间悬挂短剑，左手持上端饰有一物的长杖。武士可能是一位圉官。圉官是古代掌管养马、放牧等事务的官员。

上、下及右侧边纹为斜线纹、勾连云纹和密集的菱格纹，左侧边纹为斜线纹、勾连云纹。

19. 养马画像砖（1）

长 1.36、高 0.465、厚 0.14 米

加拿大皇家安大略博物馆（馆藏号：931.13.266）

图片由加拿大皇家安大略博物馆提供

同样形制的砖加拿大皇家安大略博物馆收藏有 3 块。

两面画像相同，唯画像数量和排列有差异。

有骏马、树木、白虎和凤鸟画像。树木高大，根部粗壮，树冠上部两侧各有 1 只小鸟，树下有 2 只嬉戏的马驹。

边纹为带点菱形纹。

20. 养马画像砖（2）

长 1.28、高 0.47 米
洛阳市文物考古研究院

两面画像相同，唯数量和排列有差异。
有骏马、树木、白虎和凤鸟画像。
边纹为带点菱形纹。

局部

画像砖拓片

21. 养马画像砖（3）

长 0.86、高 0.46、厚 0.13 米
河南省博物院

有骏马、树木、白虎、凤鸟和执戟武士画像。
边纹为带点菱形纹。

22. 驯马画像砖（1）

长 1.655、高 0.53、厚 0.17 米
加拿大皇家安大略博物馆（馆藏号：931.13.131）
图片由加拿大皇家安大略博物馆提供

两面画像完全不同。

A 面：两端各被削去长 15 厘米的薄片。据此可知此砖为后壁砖，此面朝向墓内。上有驯马人、2 匹骏马、树木和凤鸟画像。2 匹马的缰绳是后画上的，驯马人双手牵着左边那匹骏马的缰绳，正在驯马。

边纹为勾连云纹和细密的带点菱形纹，下边纹为勾连云纹。

B 面：有人物射鹿、猎鹰、猎豹画像，见 106 页。

上侧面印有纹饰。

23. 驯马画像砖（2）

长 1.5、高 0.54 米
上屯出土，洛阳市文物考古研究院
图片采自《中原文化大典·文物典·画像砖》32 页

有驯马人、2 匹骏马和树木画像。
边纹为勾连云纹和菱形纹。
上侧面有纹饰。

上侧面纹饰

画像砖拓片

（三）礼乐主题的画像砖

西汉王朝汲取秦代覆亡之教训，政治上广施"仁政"，统治思想"变化因时"，国家很快强盛起来。西汉初期统治思想先后为刑名之法、黄老之术，到汉武帝时最终确定为儒家思想。儒术的独尊地位使东周以来崩坏的礼制得以复兴。《汉书·礼乐志》："乐以治内而为同，礼以修外而为异；同则和亲，异则畏敬。和亲则无怨，畏敬则不争。揖让而天下治者，礼乐之谓也。二者并行，合为一体。畏敬之意难见，则著之于享献辞受，登降跪拜；和亲之说难形，则发之于诗歌咏言，钟石管弦。"就是说，要建设一个和谐统一、敬畏和亲的社会，必须要有礼制和乐教。

西汉中期以后，礼制成为治国定邦的基础，礼学是人们进身上层社会的必修知识，礼制精神逐渐深入人心。礼乐文化自然而然就反映在当时的精神生活和各种物质形式上。从今天的考古发现来看，表现各种礼仪内容的画像常见于汉代的墓室壁画、画像石和画像砖上。当然，汉代的礼仪在性质和功能等方面与周代相比已发生了较大的变化。

洛阳画像空心砖上的拜谒和田猎画像表现的即是礼仪活动中的"揖让""大蒐"礼。

1. 拜谒、树木、仙鹤、鸿雁、猎犬画像砖

长 1.63、高 0.54、厚 0.15 米

加拿大皇家安大略博物馆（馆藏号：931.13.137）

图片由加拿大皇家安大略博物馆提供

两面画像种类相同，画像数量和排布有差别。

A 面：上层是一行在空中飞翔的大雁画像，下层有树木、人物、仙鹤和猎犬画像。人物有四种形象，均身着深衣，足穿絇履，但头饰、仪态、表情和携带之物不同。左一，头戴巾，腰悬长剑，躬身拱手施礼；左二，戴冠，身体微躬拱手施礼；左三，戴巾，衣袖宽大，手执一册竹书；右一，戴冠，衣袖宽大，颌下生须。

B 面：比 A 面少 1 只大雁、1 棵树木和 3 只鹤画像。

边纹为勾连云纹。

上侧面印有纹饰。

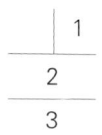

1
2
3

1. 上侧面纹饰
2. A 面
3. B 面

2. 拜谒、天马、树木、吉猴、铺首画像砖

长 1.43、高 0.52、厚 0.17 米

洛阳古墓博物馆

该砖复原在墓葬中，另一面画像情况不明。

画面被一条带点菱形纹分成上、下两层。上层有 6 个人物画像，他们被一个硕大的衔环铺首画像分成两组，左边一组 4 人，其中 3 人面朝右边，1 人面左；右边一组 2 人，相向而立。人物有两种式样，均戴冠，身穿宽袖长袍，作拱手之状。他们在行揖让礼。下层有天马、树木、吉猴画像。树木高大，突破中间的分层线，吉猴立在树木的右侧枝丫上。

边纹为斜线纹。

上侧面印有纹饰。

洛阳西汉画像空心砖发现与研究 ◆

1. 上层左侧一组人物画像
2. 树木、吉猴画像局部
3. 铺首画像
4. 侧面纹饰

3. 拜谒、天马画像砖残砖

残长 0.54、宽 0.54、厚 0.17 米
图片采自《洛阳汉画像砖》124 页

上有人物、天马画像。画像分两层排布，中间以带点菱形纹隔开。上层有 5 个人物，其中右侧 3 人与 2 号砖上的画像相同，左侧 2 人并排站立，外侧人物佩剑，里侧人物露出局部身形，这种画像目前仅见此一例。

边纹为斜线纹。

4. 拜谒、天马、猎犬、鸿雁画像砖

残长 1.325、高 0.53、厚 0.17 米
翟泉出土，洛阳市文物考古研究院

两面画像和排列略有不同。

A 面：上有两组行揖让礼的人物、两匹相向而立的天马和两对鸿雁画像。人物有三种式样，其中面左行走的二人头冠和深衣样式不同，但二人的衣袖似乎都卷至肩上，露出壮实的臂膀，身体左侧均佩带长剑。

B 面：比 A 面多猎犬画像。

上、下边纹为勾连云纹、嘉禾和带点菱形纹，左、右边纹为勾连云纹和带点菱形纹。

上侧面有纹饰。

上侧面

A 面与下侧面

下编　贰　非考古出土的画像空心砖

1
2
3

1. 上侧面纹饰
2. A面拓片
3. A面

洛阳西汉画像空心砖发现与研究 ◆

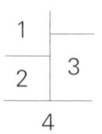

1	
2	3
4	

1. B面局部
2. B面局部
3. B面局部
4. B面拓片

5. 拜谒、天马、猎鹰、鸿雁画像砖

长 1.68、高 0.53、厚 0.17 米

东赵出土，洛阳市文物考古研究院

图片采自《中原文化大典·文物典·画像砖》32 页

上有人物、天马、猎犬、猎鹰和鸿雁画像。

上、下边纹为勾连云纹、嘉禾和带点菱形纹，左、右边纹为带点菱形纹。

上侧面纹饰与 4 号砖相同。

6. 三角形拜谒、猎犬、鸿雁画像砖

三角形砖，残长 0.46、高 0.78、厚 0.17 米
洛阳市文物考古研究院
图片采自《中原文化大典·文物典·画像砖》45 页

两面画像种类相同，唯数量和排列有差别。

此砖上画像的种类和造型与 4 号砖上的一样，唯人物的佩剑不同，此砖上的剑长大，似乎是画像印好后又把剑柄加长。右图中右侧两人佩剑的剑柄在下方。

边纹为勾连云纹。

上侧面有纹饰。

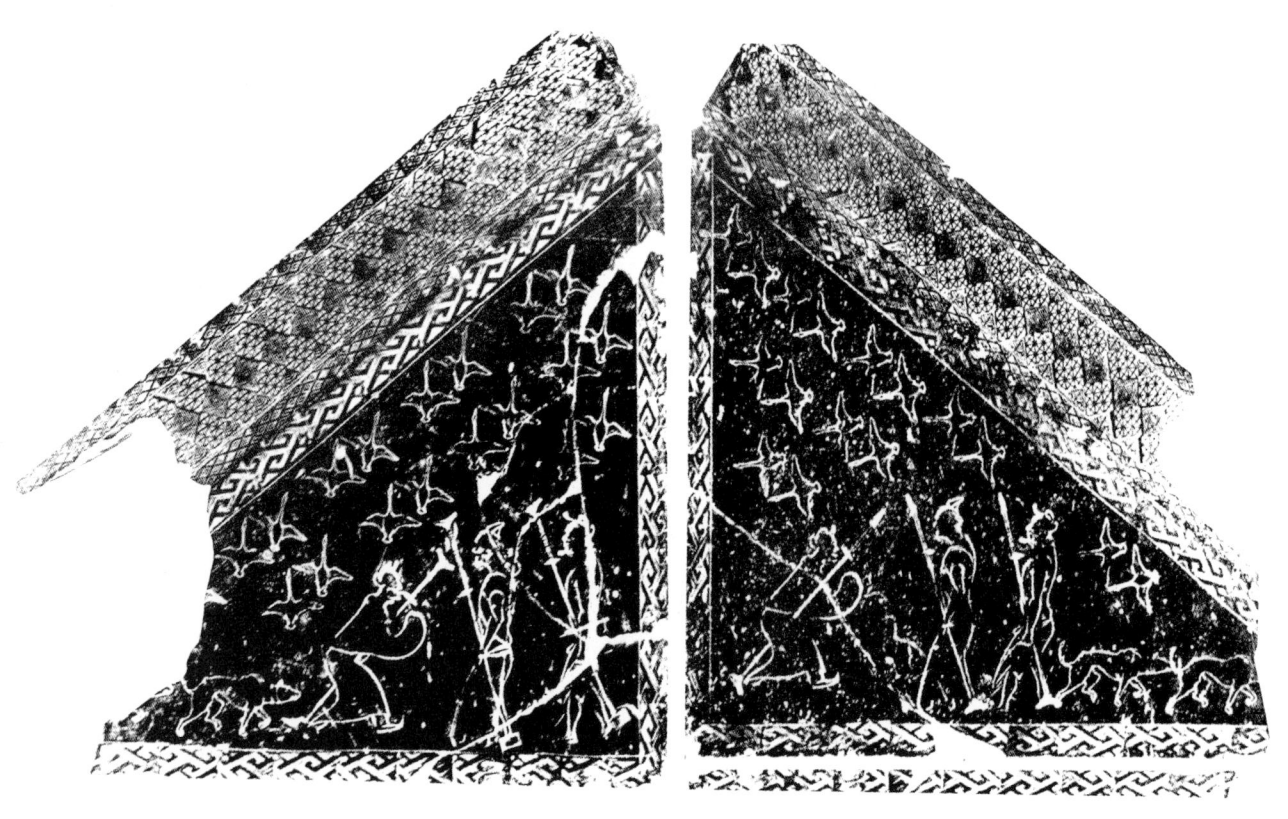

两面画像和上侧面纹饰

7. 三角形胡縠骑猎鹿画像砖（1）

三角形砖，长 0.85、高 0.9、厚 0.15 米
加拿大皇家安大略博物馆（馆藏号：931.13.143A）
图片由加拿大皇家安大略博物馆提供

  此砖位于斜坡顶墓的前、后山墙部位，为山墙砖。

  一面有画像，另一面为素面。

  上有胡縠骑和雄鹿两种画像。縠骑头戴尖帽，身穿交领左衽短襦，腰间束带，下穿裤，两腿弯曲紧夹马肚，双手张弓欲射。马首前伸、四蹄奋起，呈疾驰之状，马有辔头、鞍垫，无马镫。鞍垫是通过胸带、肚带和鞦带固定在马背上。六只雄鹿中只有位于縠骑正前方的三只鹿背上有箭。从人物的服饰上判断，此縠骑为胡人。

  边纹为斜线纹。

  上侧面和左端面印有方形四叶纹。

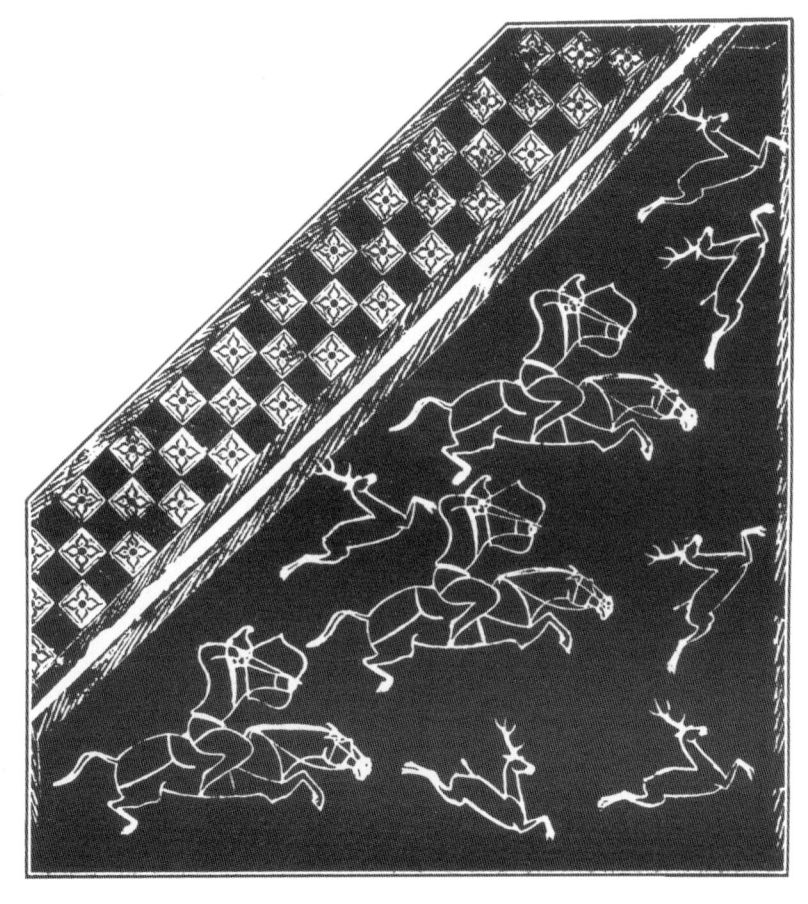

砖上画像和上侧面纹饰

8. 三角形胡觳骑猎鹿画像砖（2）

三角形砖，长 0.85、高 0.9、厚 0.15 米

加拿大皇家安大略博物馆（馆藏号：931.13.143B）

图片由加拿大皇家安大略博物馆提供

此砖形制、画像种类与 7 号砖相同，应是一对山墙砖。

砖上画像和上侧面纹饰

9. 三角形人物射鹿、白虎、凤鸟画像砖

三角形砖，长1.04、高0.85、厚0.17米
加拿大皇家安大略博物馆（馆藏号：931.13.274）
图片由加拿大皇家安大略博物馆提供

  此砖为山墙砖。两面画像种类、排列略有差异。
  A面：上层是2只凤鸟画像，下层是弓箭手射双鹿画像。弓箭手身穿短襦短裤，腰间束带，足穿绚履，呈跪蹲状，上身反转，张弓欲射。猎物是并肩奔逃的双鹿，外侧是长角的雄鹿，里侧是惊恐回头张望的雌鹿。
  边纹为带点菱形纹。
  B面：上层有1只凤鸟，下层追逐双鹿的是1只虎。
  上侧面有两条带点菱形纹。

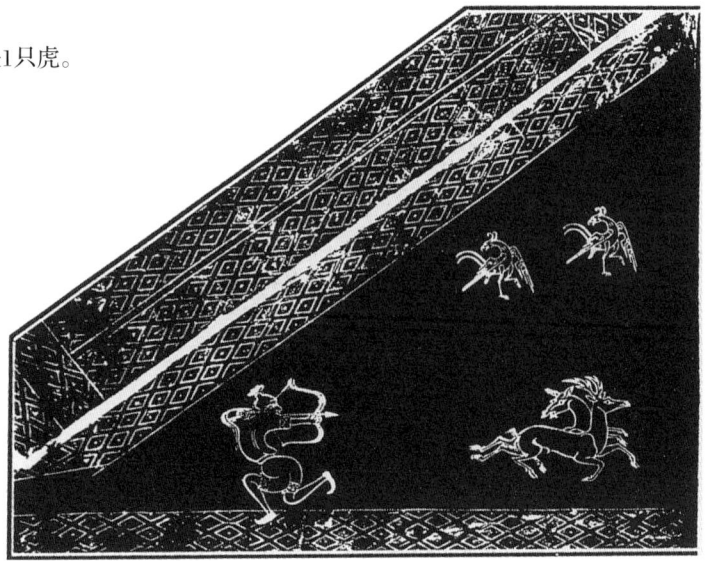

A面与上侧面纹饰

B面

10. 三角形人物射鹿、猎豹、凤鸟画像砖

三角形砖，长 1.04、高 0.85、厚 0.17 米

加拿大皇家安大略博物馆（馆藏号：931.13.275）

图片由加拿大皇家安大略博物馆提供

  此砖为山墙砖。两面画像种类、排列略有差异。

  砖上画像内容、排布和边纹以及侧面纹饰与 9 号砖相同，唯白虎换做猎豹。

A 面与上侧面纹饰

B 面

11. 三角形猎犬、鸿雁、雄鹿画像砖

三角形砖，长 1.05、高 0.805、厚 0.17 米

加拿大皇家安大略博物馆（馆藏号：931.13.117）

图片由加拿大皇家安大略博物馆提供

  同样形制的砖加拿大皇家安大略博物馆收藏 3 块。

  此砖为山墙砖。两面画像种类相同，但排列有差异。

  A 面：上部是密集的向上斜飞的雁群画像，下部有 2 只猎犬和 3 只雄鹿画像。猎犬颈戴项圈，身形微伏，神色机警。鸿雁画像有两种式样。

  B 面：画像种类与 A 面相同，排列有差异。鸿雁画像有三种式样。

  边纹为勾连云纹。

  上侧面有纹饰。

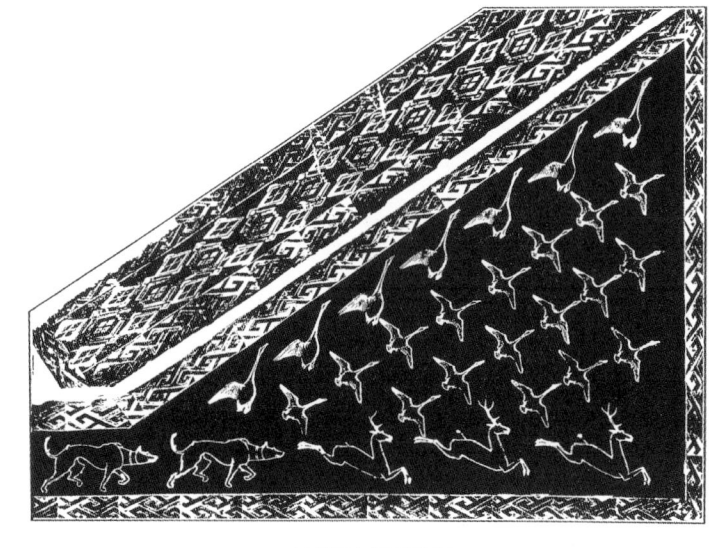

A 面与上侧面纹饰

B 面与上侧面纹饰

12. 人物射鹿、猎豹、猎鹰画像砖

长 1.655、高 0.53、厚 0.17 米
加拿大皇家安大略博物馆（馆藏号：931.13.131）
图片由加拿大皇家安大略博物馆提供

两面画像完全不同。
A 面：是驯马画像，见 89 页。
B 面：有弓箭手、双鹿、猎鹰、猎豹画像。
上、下边纹为勾连云纹和细密的带点菱形纹，左侧边纹为勾连云纹和半方柿蒂纹。
上侧面有纹饰。

上侧面纹饰

B 面

13. 人物射鹿、树木、凤鸟画像砖

长 1.56、高 0.53、厚 0.18 米

加拿大皇家安大略博物馆（馆藏号：931.13.132）

图片由加拿大皇家安大略博物馆提供

两面画像完全不同。

A 面：有弓箭手、双鹿、猎豹、树木、凤鸟画像。树木根部粗壮、树干笔直、树枝交叉缠绕并呈对称分布，有的枝头挂着沉重的果实，有的向上伸展到顶部集中形成梯形的平台。

边纹为勾连云纹和细密的带点菱形纹。

B 面：有骏马、树木、鹤画像。

上侧面纹饰与 12 号砖相同。

A 面

14. 人物射鹿、骏马、仙鹤画像砖

长 1.36、高 0.53 米

洛阳古墓博物馆

该砖复原在墓葬中，另一面画像情况不明。

上有弓箭手、双鹿、骏马、仙鹤画像。

边纹为勾连云纹和细密的带点菱形纹。

15. 人物射鹿、猎鹰、白虎、仙鹤画像砖（1）

长 1.42、高 0.53 米
故宫博物院
图片采自《故宫雕塑馆》图 144

有弓箭手、双鹿、猎鹰、白虎、仙鹤画像。
边纹为勾连云纹和细密的带点菱形纹。

A 面

B 面

16. 人物射鹿、猎鹰、白虎、仙鹤画像砖（2）

长 1.23、高 0.53 米

河南博物院

图片采自《中原文化大典·文物典·画像砖》41 页

砖面两端各被削去一片，此砖应是后壁砖。有弓箭手、双鹿、猎鹰、白虎、仙鹤画像。

边纹为勾连云纹和细密的带点菱形纹。另一面画像情况不明。

砖面右端被削去一片
（徐婵菲 2012 年摄于河南博物院展厅）

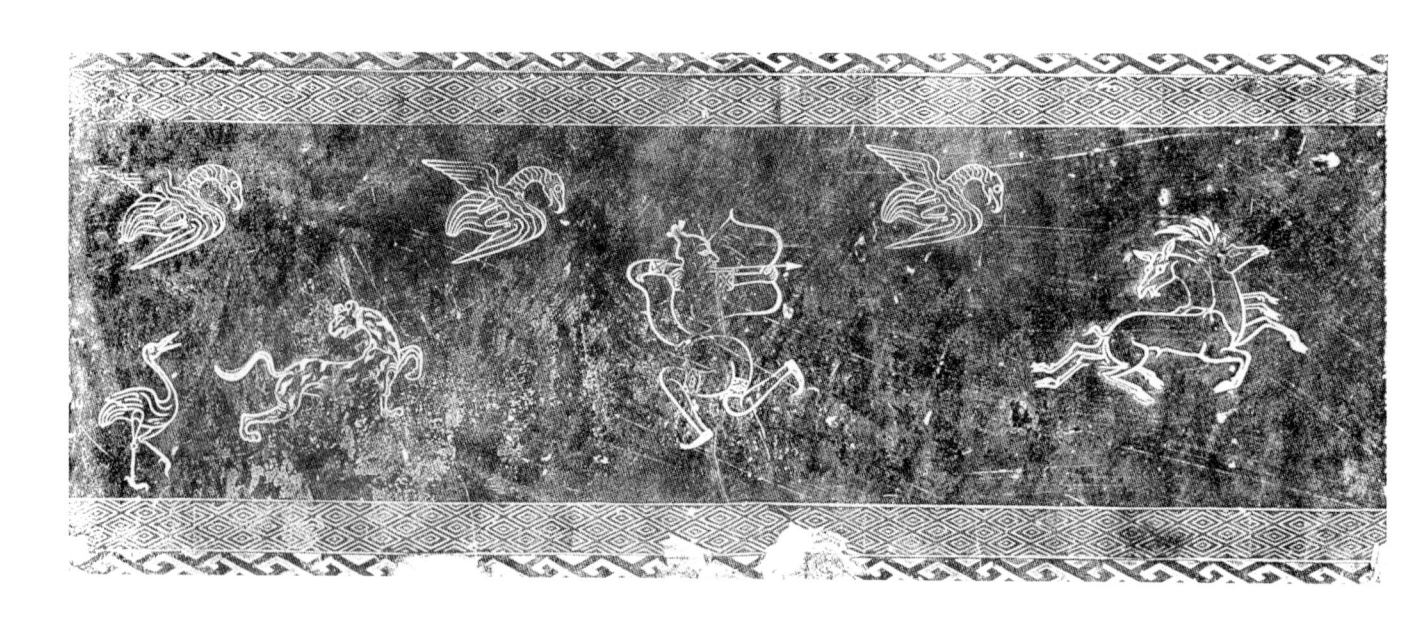

17. 人物射鹿、猎鹰、白虎、仙鹤画像砖（3）

长 1.24、高 0.53 米

河南博物院

图片采自《中原文化大典·文物典·画像砖》34 页

有弓箭手、双鹿、猎鹰、白虎、仙鹤画像。
边纹为勾连云纹和细密的带点菱形纹。

18. 猎鹰、猎豹、白虎、双鹿、树木画像砖

长 1.42、高 0.54 米

河南博物院

图片采自《中原文化大典·文物典·画像砖》40 页

有猎豹、双鹿、白虎、猎鹰、树木画像。
边纹为勾连云纹和细密的带点菱形纹。

19. 彀骑射虎画像砖（1）

竖砖，高 1.12、宽 0.505、厚 0.14 米
加拿大皇家安大略博物馆（馆藏号：931.13.273）
图片由加拿大皇家安大略博物馆提供

　　一面有画像，另一面是几何纹。
　　A 面：有彀骑、猛虎画像。"彀骑，张弓之骑也"。彀骑头戴鹖冠，身穿紧身襦裤，背负羽箭，上身反转，张弓搭箭欲射。胯下之马辔头齐全，马背上有鞍垫，但无马镫。猛虎身上的条纹是 S 形双钩波磔纹，腹部有三个星纹。
　　左、右边纹是菱格纹、嘉禾和勾连云纹，上边纹为菱格纹。
　　B 面：心纹是几何纹，种类有柿蒂纹和变形云纹。左、右和上侧边纹是斜线纹。

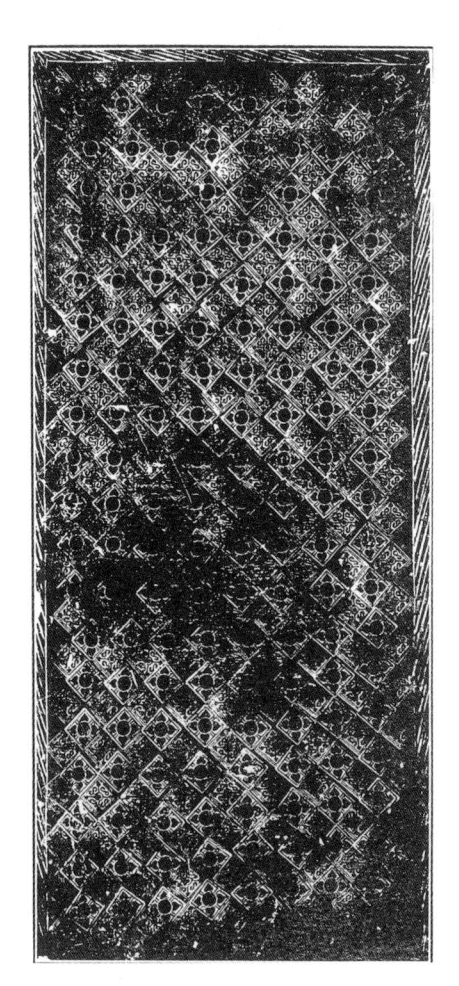

A 面　　　　　　　　　　B 面

20. 彀骑射虎画像砖（2）

长 1.21、高 0.51、厚 0.15 米

加拿大皇家安大略博物馆（馆藏号：931.13.121）

图片由加拿大皇家安大略博物馆提供

两面画像一样。

有虎和彀骑两种画像。

边纹与 19 号砖相同。

21. 彀骑射虎画像砖（3）

长 1.38、高 0.54 米

偃师碑楼庄征集

图片采自《文物》1990 年第 2 期 61 页

一面有画像。

上有虎和彀骑两种画像。

边纹是菱格纹和勾连云纹，两种纹饰之间有空白带。

22. 毂骑射虎、朱鹭画像砖

长 1.28、高 0.52、厚 0.145 米
加拿大皇家安大略博物馆（馆藏号：931.13.122）
图片由加拿大皇家安大略博物馆提供

两面画像相同。

有毂骑、虎和朱鹭画像。三只朱鹭刻在一块印模上，左右两边的朱鹭面右站立，中间一只单腿站立，扭转脖颈用长喙整理羽毛。

边纹与 20 号砖相同。另一面的边纹与 21 号砖相同。

23. 毂骑射虎、朱鹭、凤鸟、天马画像砖

竖砖，高1.29、长0.64米

偃师碑楼庄征集，洛阳古墓博物馆

一面有画像，另一面是几何纹。

A面：画像分六层排列，从上到下是朱鹭、凤鸟、毂骑射虎、骏马、凤鸟、天马画像。

边纹为带点菱形纹、嘉禾和勾连云纹。

B面：为几何纹，种类有柿蒂纹和卷云纹。边纹为斜线纹。

A面　　　　　　　　　　B面

洛阳西汉画像空心砖发现与研究 ◆

1. 上端面
2. 觳骑射虎
3. 凤鸟
4. 边缘纹饰
5. B面几何纹
6. 下端面

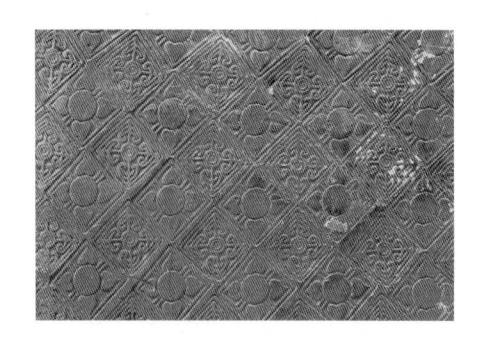

198

下编　贰　非考古出土的画像空心砖

7	8	9
10	11	12
	13	14

7. 虎画像
8. 彀骑
9. 天马
10. 三只朱鹭
11. 凤鸟
12. 小马
13. A面拓片
14. B面拓片

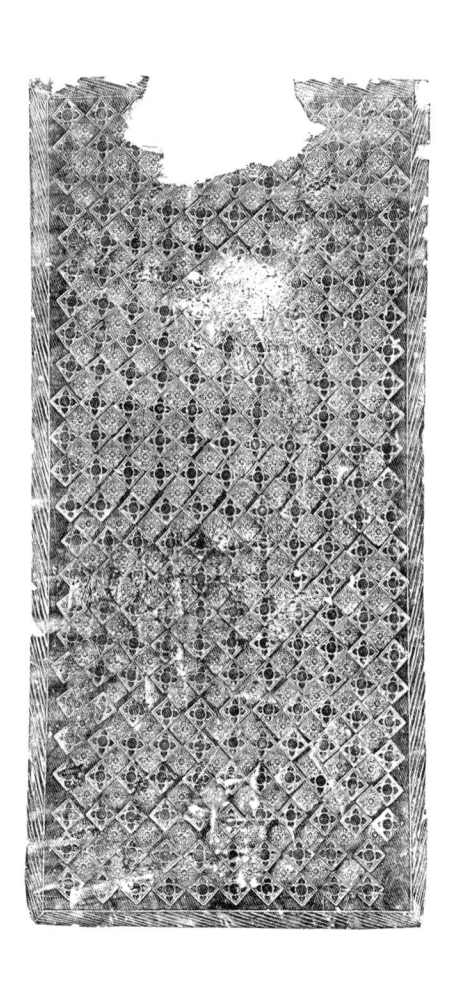

199

24. 彀骑射虎、凤鸟、骏马画像砖

长 1.27、高 0.53 米
洛阳古墓博物馆

两面画像种类一样，但排列和数量有差别。
上有彀骑、猛虎、凤鸟、骏马画像。
边纹为勾连云纹和三联菱形纹。

A 面

B 面

25. 猛虎逐鹿画像砖

残长 1.25、高 0.515、厚 0.155 米
加拿大皇家安大略博物馆（馆藏号：931.13.119）
图片由加拿大皇家安大略博物馆提供

  两面画像相同，排列有差异。
  三条卷草瑞芝纹将砖面分成上下两层，两层的画像相同，都是猛虎和鹿画像。猛虎身上的条纹有平行的曲线和S形线条，鹿身上有圆形斑点。下层的两只猛虎，一只身形微俯，一只向上跃起，动感极强。
  边纹为勾连云纹和双结纹。
  上侧面有纹饰。

26. 驯虎、天马、仙鹤、猎鹰画像砖

长 1.14、高 0.525、厚 0.17 米
翟泉出土，洛阳古墓博物馆

该砖复原在墓葬中，另一面画像情况不明。

有人物驯虎、天马、鹤、猎鹰画像。驯虎人呈跪蹲状，上身反转，手牵绳索，绳索的另一头系在猛虎的项圈上，被牵引的猛虎回首张望。

边纹为带点菱形纹。

27. 驯虎、天马、树木、猎鹰、凤鸟、景星画像砖

长 1.648、高 0.514 米

故宫博物院

图片采自《故宫雕塑馆》图 142

　　两面画像相同，排列有差异。

　　A 面：有人物驯虎、天马、猎鹰、树木、凤鸟画像。有朱书"南西□"三字。树木树干笔直，树枝两两交合，左侧树枝之间有一只凤鸟，树冠上方有一颗闪亮的景星。《史记·天官书》："天精而见景星。景星者，德星也，其状无常，常出于有道之国。"

　　边纹为带点菱形纹。

A 面

B 面

28. 驯虎、天马、树木、凤鸟、景星画像砖

长 1.5、高 0.54 米
洛阳市文物考古研究院
图片采自《中原文化大典·文物典·画像砖》30 页

有人物驯虎、天马、树木、凤鸟画像。
边纹为带点菱形纹。

29. 猎犬、猎鹰、鸿雁、武士、天马画像砖

长 1.32、高 0.54、厚 0.17 米

洛阳古墓博物馆

该砖复原在墓葬中，另一面画像情况不明。

上有武士、天马、猎犬、猎鹰和鸿雁画像。

上、下边纹为勾连云纹、嘉禾和带点菱形纹，右侧边纹为勾连云纹和带点菱形纹，左侧边纹为带点菱形纹。

1	2	1. 局部
3		2. 局部
		3. 画像砖拓片

30. 猎犬、鸿雁、雄鹿、奔兔、天马、仙鹤、树木画像砖

长 1.44、高 0.54、厚 0.175 米

加拿大皇家安大略博物馆（馆藏号：931.13.136）

图片由加拿大皇家安大略博物馆提供

两面画像种类一样，但排列和数量有差别。

A 面：上层是在空中飞翔的雁群画像，下层有树木、天马、鹤、猎犬、鹿和野兔画像。

B 面：少 1 只鸿雁，多 1 只鹤画像。

边纹为勾连云纹。

上侧面有纹饰。

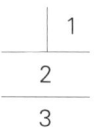

1
2
3

1. 上侧面纹饰
2. A面
3. B面

31. 猎犬、野兔、天马画像砖

长 1.38、高 0.535、厚 0.175 米

加拿大皇家安大略博物馆（馆藏号：931.13.135）

图片由加拿大皇家安大略博物馆提供

两面画像种类和排列略有差别。

A 面：有猎犬、野兔和天马画像。

B 面：右边多一只凤鸟画像。

上边纹为勾连云纹、带点菱形纹和三角形米字纹，通高约 29 厘米，下边纹为一条米字纹，高约 4 厘米。

A 面

B 面

2. 持戈武士画像砖（2）

竖砖，高 1.03、宽 0.47、厚 0.15 米

河南博物院

图片采自《中原文化大典·文物典·画像砖》37 页

上有 2 名持戈武士画像。

边纹为带点菱形纹。

3. 持戈武士画像砖（3）

竖砖，高 1.02、宽 0.45、厚 0.13 米
洛阳市文物考古研究院

两面画像相同。
上有 4 名持戈武士画像。
边纹为带点菱形纹。

4. 持戈武士画像砖（4）

竖砖，高 1.02、宽 0.45、厚 0.14 米
洛阳市文物考古研究院

　　此砖一侧上下两端有高度不同的方柱，上端方柱高 8 厘米，下端高 2 厘米。该砖在墓中的位置不详，可能与墓门设施有关。
　　两面画像相同。
　　上有 4 名持戈武士画像。
　　边纹为带点菱形纹。

画像砖拓片　　　　　　　画像砖拓片

5. 持戈武士画像砖（5）

竖砖，高 1.02、宽 0.45、厚 0.14 米
加拿大皇家安大略博物馆（馆藏号：931.13.123）
图片由加拿大皇家安大略博物馆提供

此砖形制与 4 号砖相同。

两面画像相同。

上有 4 名持戈武士画像。武士头戴冠，冠的前部有一向上翻卷的突起。身穿宽袖、前长后短的长襦，腰束有纹绣的宽带，脚穿卷头履。手持长戈，腰间佩剑。剑鞘细长，末端镶有剑摽。

边纹为带点菱形纹。

侧面有两条带点菱形纹。

6. 持戈武士、凤鸟画像砖

竖砖，高 0.93、宽 0.45 米

洛阳市文物考古研究院

两面画像相同，唯数量有差异。

A 面：上有执戈武士、4 只凤鸟画像。

B 面：有 3 只凤鸟画像。

边纹为带点菱形纹。

1	
2	3

1. A面凤鸟（上有印模边框痕迹）
2. A面
3. A面拓片

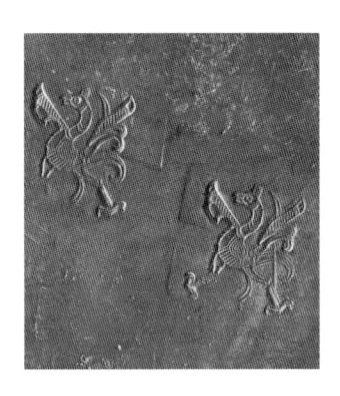

下编 贰 非考古出土的画像空心砖

4	5
6	7

4. 画像砖
5. A面武士
6. B面拓片
7. B面

215

7. 持戈武士、骏马、白虎、凤鸟画像砖（1）

长 1.21、高 0.47、厚 0.155 米

加拿大皇家安大略博物馆（馆藏号：931.13.125）

图片由加拿大皇家安大略博物馆提供

　　两面画像相同。

　　有执戈武士、骏马、凤鸟、白虎画像。

　　边纹为带点菱形纹。

8. 持戈武士、骏马、白虎、凤鸟画像砖（2）

长 1.36、高 0.46 米

河南博物院

图片采自《中原文化大典·文物典·画像砖》24 页

　　上有执戈武士、骏马、凤鸟、白虎画像。

　　边纹为带点菱形纹。

9. 持戈武士、骏马、白虎、凤鸟画像砖（3）

长 1.45、高 0.5 米

洛阳古墓博物馆

上有持戈武士、骏马、白虎、凤鸟四种画像。凤鸟有长尾、短尾两种式样。

上、下边纹为带点菱形纹。

10. 持戈武士、骏马、白虎、凤鸟画像砖（4）

长 1.3、高 0.51 米

翟泉出土，洛阳市文物考古研究院

两面画像略有不同。

A 面：上有执戈武士、骏马、凤鸟、白虎画像。短尾凤鸟都是上下颠倒。

B 面：没有白虎画像。

边纹为带点菱形纹。

11. 持戈武士、骏马、白虎、凤鸟画像砖（5）

长 1.57、高 0.50、厚 0.15 米
河南博物院
采自《中原文化大典·文物典·画像砖》25 页

上有执戈武士、骏马、凤鸟、白虎画像。
边纹为带点菱形纹。

12. 持戈武士、天马、凤鸟画像砖

长 1.32、高 0.53、厚 0.15 米
加拿大皇家安大略博物馆（馆藏号：931.13.130）
图片由加拿大皇家安大略博物馆提供

两面画像相同，唯排列有差异。
有执戈武士、天马、凤鸟画像。
边纹为带点菱形纹。

13. 持戟武士、骏马、白虎、树木、凤鸟画像砖

长 1.4、高 0.52、厚 0.165 米
加拿大皇家安大略博物馆（馆藏号：931.13.133）
图片由加拿大皇家安大略博物馆提供

两面画像相同，唯数量与排列有差异。

上有持戟武士、骏马、白虎、树木、凤鸟画像。执戟武士头戴冠，冠的前部有一向上翻卷的突起，冠缨、垂绥刻画细致清晰。身穿长襦，腰间除了腰带另系一根剑带，足穿絇履。右手持戟，腰间佩剑，佩剑通过剑璏悬挂在剑带上。

边纹为带点菱形纹。

A 面

B 面

14. 持戟武士、骏马、凤鸟、仙鹤画像砖

长 1.46、高 0.53 米

洛阳市文物考古研究院

两面画像相同，唯排列有差异。

有持戟武士、骏马、凤鸟、仙鹤画像。

边纹为带点菱形纹。

15. 持戟武士、骏马、凤鸟画像砖

长 1.4、高 0.51 米

洛阳市文物考古研究院

两面画像相同，唯排列有差异。

上有持戟武士、骏马、凤鸟画像。右边骏马画像上方和后方有两条斜线纹，那是马画像印模边框的痕迹。

边纹为带点菱形纹。

16. 持戟武士、骏马、凤鸟、射虎画像砖

长 1.65、高 0.53 米

河南博物院

图片采自《中原文化大典·文物典·画像砖》26 页

上有持戟武士、骏马、凤鸟、弓箭手和白虎画像。

边纹为带点菱形纹。

17. 持戟武士、骏马、凤鸟、仙鹤、树木画像砖（1）

长 1.42、高 0.53、厚 0.15 米

加拿大皇家安大略博物馆（馆藏号：931.13.129）

图片由加拿大皇家安大略博物馆提供

两面画像相同，唯排列有差异。

上有持戟武士、骏马、凤鸟、仙鹤、树木画像。持戟武士面左。

边纹为带点菱形纹。

18. 持戟武士、骏马、凤鸟、仙鹤、树木画像砖（2）

长 1.39、高 0.52 米
洛阳市文物考古研究院

两面画像相同，唯排列有差异。

上有持戟武士、骏马、凤鸟、树木、仙鹤画像。

边纹为带点菱形纹。

19. 持戟武士、骏马、凤鸟、仙鹤、树木画像砖（3）

长 1.36、高 0.52 米
河南博物院
图片采自《中原文化大典·文物典·画像砖》25 页

两面画像相同，唯排列有差异。

画像和边纹与 18 号砖相同。

20. 持戟武士、骏马、凤鸟、白虎、树木画像砖（1）

长 1.71、高 0.475、厚 0.167 米

加拿大皇家安大略博物馆（馆藏号：931.13.272）

图片由加拿大皇家安大略博物馆提供

两面画像相同，唯排列有差异。

上有持戟武士、骏马、凤鸟、白虎、树木画像。

边纹为带点菱形纹。

画像砖

画像砖

21. 持戟武士、骏马、凤鸟、白虎、树木画像砖（2）

残长 1.33、高 0.55 米
洛阳市文物考古研究院

两面画像相同。

上有持戟武士、骏马、凤鸟、白虎、树木画像。骏马有两种样式，凤鸟为长尾凤鸟。

边纹为带点菱形纹。

画像砖拓片

画像砖拓片

22. 持戟武士、执戈武士、骏马、凤鸟、白虎、仙鹤、树木画像砖

长 1.62、高 0.505、厚 0.14 米

洛阳市文物考古研究院

两面画像相同。

上有持戟武士、执戈武士、骏马、凤鸟、白虎、仙鹤、树木画像。持戟武士、执戈武士相对而立。凤鸟有短尾和长尾两种。

边纹为带点菱形纹。

上侧面有两条带点菱形纹。

1	2
3	

1. 相对而立的持戟武士、执戈武士画像
2. 上侧面纹饰
3. 画像砖

23. 佩剑武士、秃鹫、树木、吉猴画像砖

长 1.47、高 0.535、厚 0.17 米
加拿大皇家安大略博物馆（馆藏号：931.13.134）
图片由加拿大皇家安大略博物馆提供

两面画像完全不同。
A 面：有天马、鸿雁、树木、吉猴画像，见图版 80 页。
B 面：有佩剑武士、秃鹫、树木、吉猴画像。武士头戴冠，身穿长襦大裤，足穿絇履，腰间除腰带另系一根剑带，长剑便悬挂于剑带上。为行动方便长襦的前后襟裁成三角形。

B 面拓片

24. 佩剑武士、骏马、天马、凤鸟、秃鹫、树木、吉猴画像砖

长 1.58、高 0.5、厚 0.17 米

洛阳古墓博物馆

该砖复原在墓葬中，另一面画像情况不明。

有佩剑武士、骏马、天马、凤鸟、秃鹫和树木吉猴画像。

上侧和左侧边纹为带点菱形纹和勾连云纹，下边纹是带点菱形纹，右侧边纹为勾连云纹。

上侧面装饰纹饰。

1	2
3	

1. 凤鸟与鹫画像
2. 上侧面纹饰
3. 画像砖拓片

25. 佩剑武士画像砖

长 1.55、高 0.53、厚 0.17 米

河南博物院

图片采自《中原文化大典·文物典·画像砖》41 页

有 5 位佩剑武士画像。

边纹为带点菱形纹和勾连云纹。

26. 武士、凤鸟画像砖

长 1.15、高 0.53、厚 0.16 米
加拿大皇家安大略博物馆（馆藏号：931.13.138）
图片由加拿大皇家安大略博物馆提供

一面有画像，另一面是几何纹。

A 面：有人物、凤鸟画像。武士戴尖角状的冠，冠前有向上卷翘的突起，冠缨很长，结系后垂绥飘至肩后，身穿长襦大裤，长襦前后襟稍长，侧襟略短，足穿绚履，腰间悬挂短剑，左手持上端饰有一物的长杖。

边纹为斜线纹、勾连云纹和密集的菱格纹。

B 面：边纹为斜线纹、勾连云纹，中间是柿蒂纹和卷云纹。

A 面

B 面

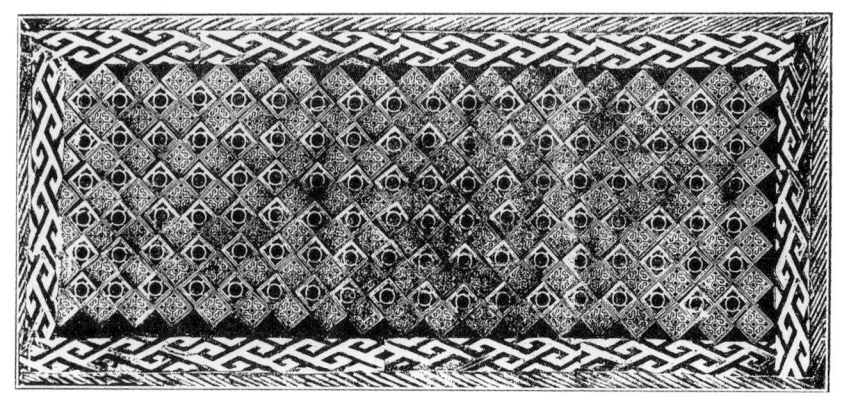

27. 骑士、天马、凤鸟、仙鹤、树木、吉猴画像砖

长 1.35、高 0.54 米

新安县八陡山出土，新安县博物馆

两面画像种类有差异。

A面：上层有一排飞翔的小凤鸟，下方有树木、吉猴、天马、骑士画像。骑士头戴鹖冠，身穿紧身襦裤，所骑之马前蹄腾空，昂首嘶鸣。树木树干弯曲，在繁密的枝叶之间有2只嬉戏的猴子。3匹天马样式各不相同。

上侧和右侧边纹为勾连云纹和菱形纹，下侧和左侧边纹只有勾连云纹。

B面：多了鹤画像，中间树木式样与A面树木不同。

边纹种类与A面相同，排布有差别。

A面

下编　贰 非考古出土的画像空心砖

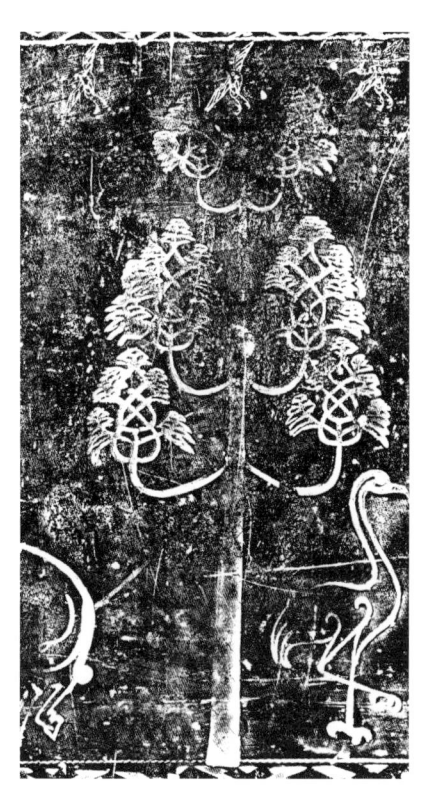

1	2	3
4		

1. 树木画像
2. 树木画像（B面）
3. 骑士画像
4. B面

231

28. 彀骑画像砖

竖砖，高 1.13、宽 0.51、厚 0.15 米
洛阳市文物考古研究院

　　两面画像相同。
　　中部偏上印一彀骑画像，周围是几何纹。彀骑冠式不明（似为鹖冠），身穿右衽短襦，腰间束带，下穿裤，上身反转，张弓射箭。马作疾驰状，马尾上扬，背上有鞍垫。

下编　贰 非考古出土的画像空心砖

29. 武士画像砖

竖砖，高 1.18、宽 0.22 米

偃师碑楼庄征集，洛阳博物馆

图片采自《文物》1990 年第 2 期 64 页

砖面以几何纹为主，在下部有一武士画像，画像阴线条内涂朱红色。据考古资料可知此砖是门框砖。

（五）祥瑞主题的画像砖

董仲舒的《春秋繁露·王道》载："王正，则元气和顺，风雨时，景星见，黄龙下。……五帝三王之治天下……故天为之下甘露，朱草生，醴泉出，风雨时，嘉禾兴，凤凰麒麟游于郊。"刘向的《淮南子·览冥训》载："昔者，黄帝治天下，……于是日月精明，星辰不失其行，风雨时节，五谷登熟，虎狼不妄噬，鸷鸟不妄搏，凤皇翔于庭，麒麟游于郊，青龙进驾，飞黄（神马）伏皂。"意思是说如果帝王治国有方，就会风调雨顺，出现景星、甘露、朱草、醴泉、嘉禾、凤凰、麒麟、青龙、神马等祥瑞之物。

为褒奖有德君王，上天以奇异景、物现于人间作为吉祥征兆的现象，称作祥瑞，也叫符瑞或符应。祥瑞产生的根源是古代的天人感应思想。西汉时期天人感应思想经儒家学者董仲舒的整理、阐述，祥瑞观念对汉武帝及后世帝王产生了重大影响。祥瑞现象常见于古代文献中。汉武帝在位时即有宝鼎、白麟、芝草、神马、麃（似鹿的独角兽）等祥瑞动植物出现，并开了借祥瑞改年号的先河。空心砖上的龙、凤鸟、虎、仙鹤、嘉禾、连理树等画像都是祥瑞之物。

1. 三角形龙、武士画像砖（1）

三角形砖，长 1.03、高 0.825 米
故宫博物院
图片采自《故宫雕塑馆》图 146

　　同样形制的画像砖故宫博物院收藏 2 块。
　　此砖画像与带彩画像砖 4 号砖相同，唯未涂彩。
　　边纹为勾连云纹。

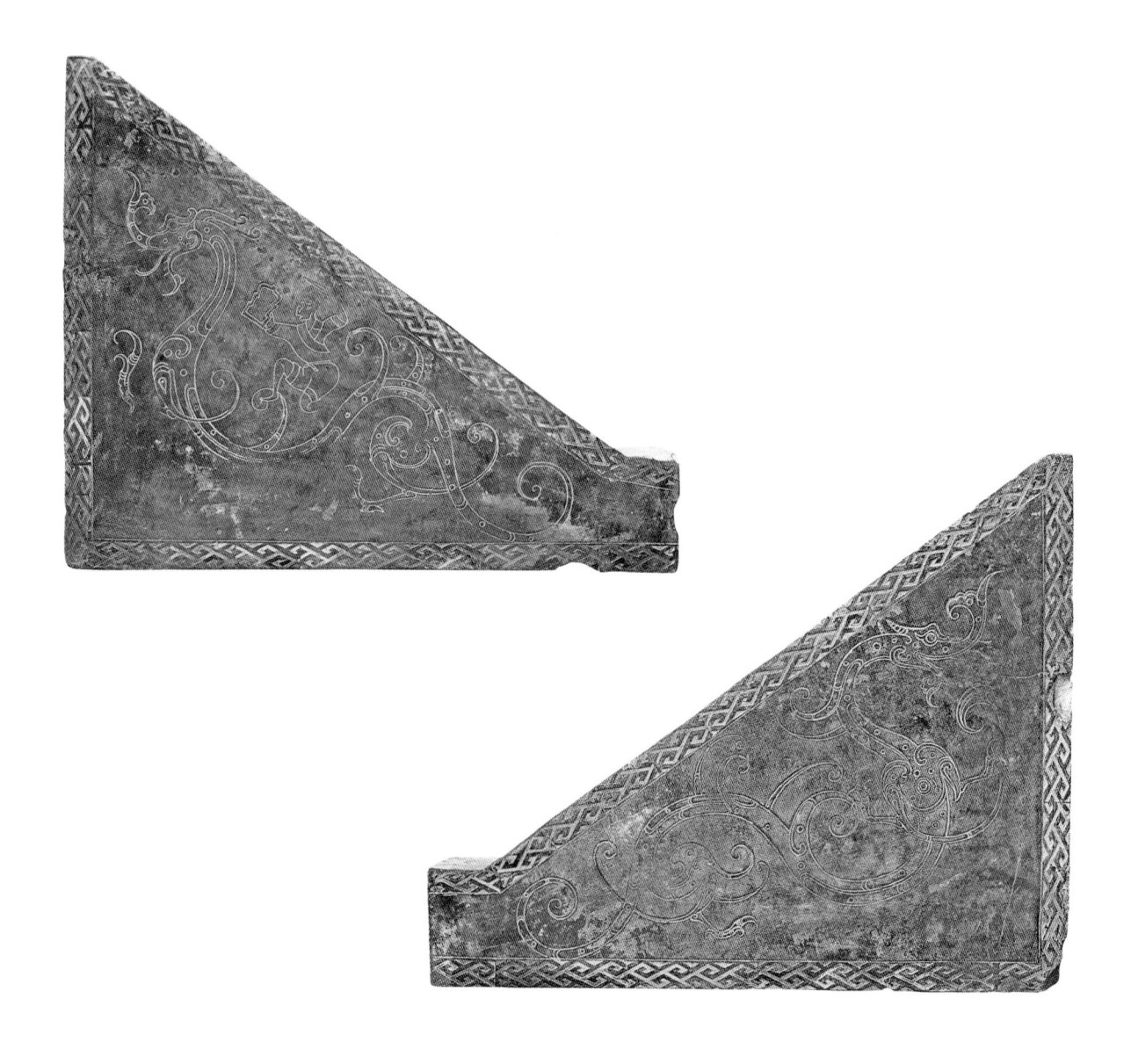

2. 三角形龙、武士画像砖（2）

三角形砖，长1.28、高1.098、厚0.082米

美国纳尔逊—阿特金斯艺术博物馆（馆藏号：35-323A）

图片由纳尔逊—阿特金斯艺术博物馆提供

此砖被锯成两片，仅存有武士御龙画像的一面。龙尾上方有印模边框痕迹。

左、上边纹为勾连云纹，下边纹为斜线纹。

3. 三角形龙、武士画像砖（3）

三角形砖，长1.28、高1.098、厚0.0825米

美国纳尔逊—阿特金斯艺术博物馆（馆藏号：35-323B）

图片由纳尔逊—阿特金斯艺术博物馆提供

此砖被锯成两片，仅存有龙画像的一面。龙体和边纹尚有残存白彩。

右、上边纹为勾连云纹，下边纹为斜线纹。

4. 长方形龙、武士画像砖

长 1.19、高 0.62、厚 0.165 米

加拿大皇家安大略博物馆（馆藏号：931.13.118）

图片由加拿大皇家安大略博物馆提供

A 面：有武士御龙画像。

B 面：有一龙画像。

两面画像形制与 1 号三角形砖相同。

边纹为带点菱形纹。

上侧面有两条带点菱形纹。

B 面

A 面

5. 三角形嘉禾、天马、仙鹤画像砖

三角形砖，长 1.03、高 0.76 米
河南博物院
图片采自《中原文化大典·文物典·画像砖》43 页

有嘉禾、天马、仙鹤画像。嘉禾禾杆两头粗中间细，在禾杆上左右错开长出四枝弯曲下垂的禾穗。《白虎通》中有："德至地，则嘉禾生。……嘉禾者，大禾也。"

斜边、底边和低端边纹为勾连云纹，高端边纹是菱格纹。

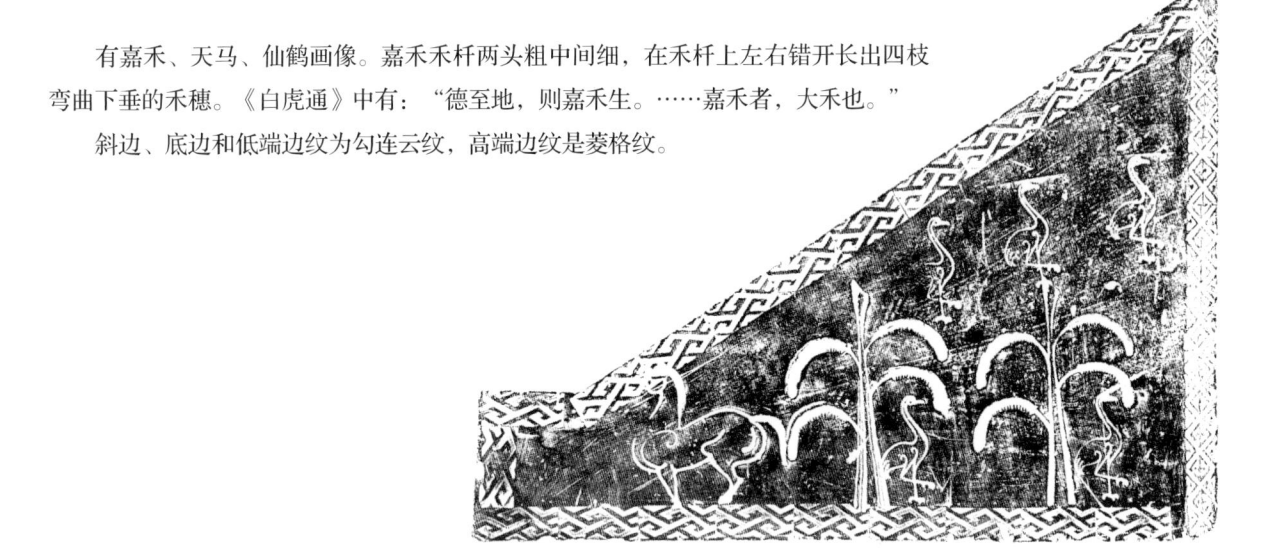

6. 三角形树木、天马、仙鹤画像砖

三角形砖，长 1.02、高 0.76、厚 0.16 米
河南博物院
图片采自《中原文化大典·文物典·画像砖》43 页

有树木、天马、仙鹤画像。
边纹情况与 5 号砖相同。

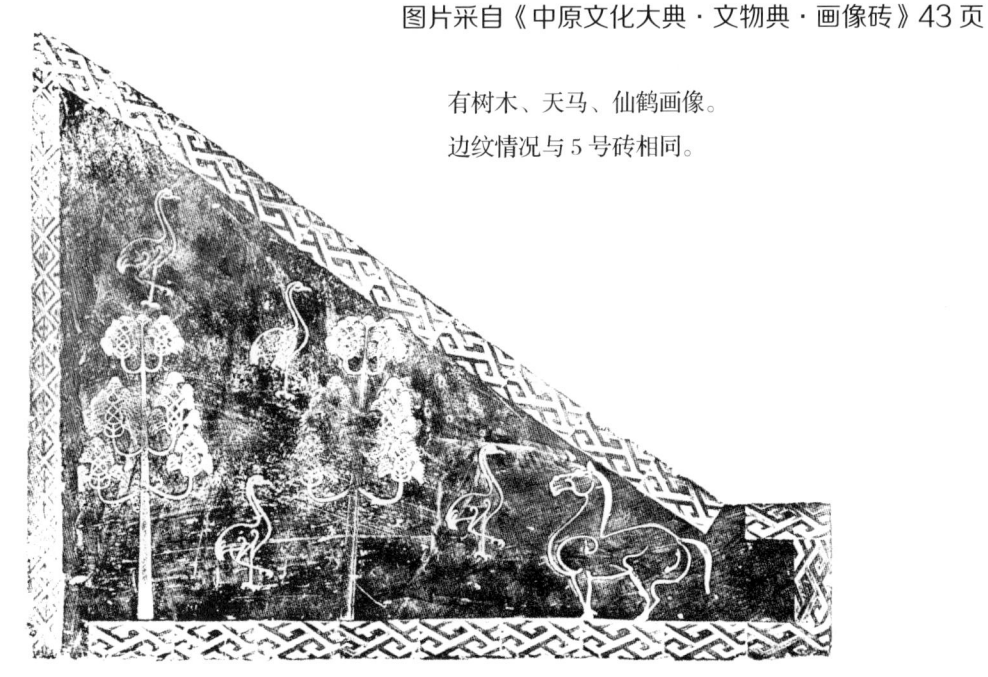

7. 三角形凤鸟、骏马、白虎画像砖

三角形砖，长 1.07、高 0.775 米
洛阳古墓博物馆

为山墙砖。
两面画像相同。
有 3 只白虎、1 只凤鸟和 1 匹骏马画像。
边纹为带点菱形纹。
上侧面有两条带点菱形纹。

A 面与高端面

上侧面与低端面

下编　贰 非考古出土的画像空心砖

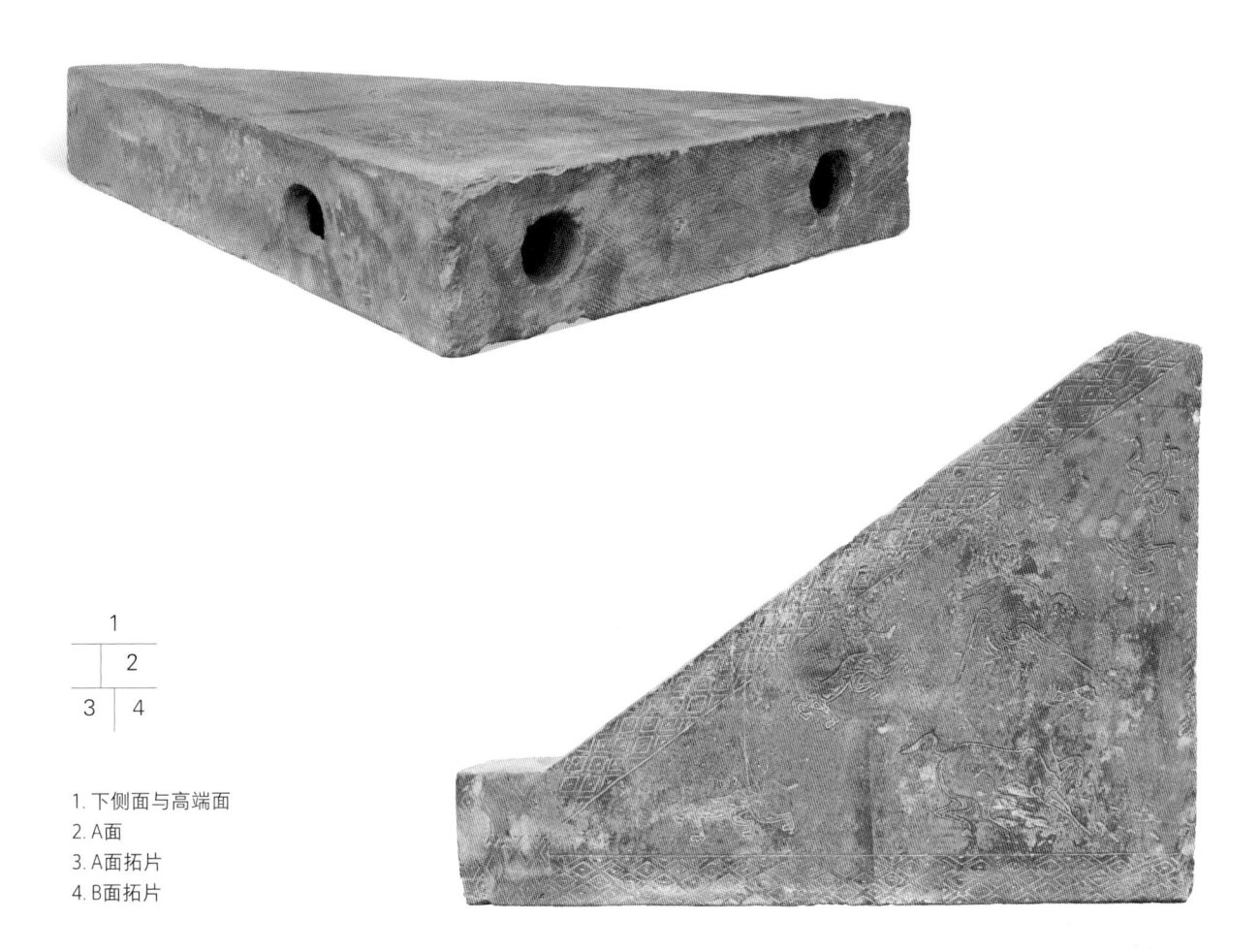

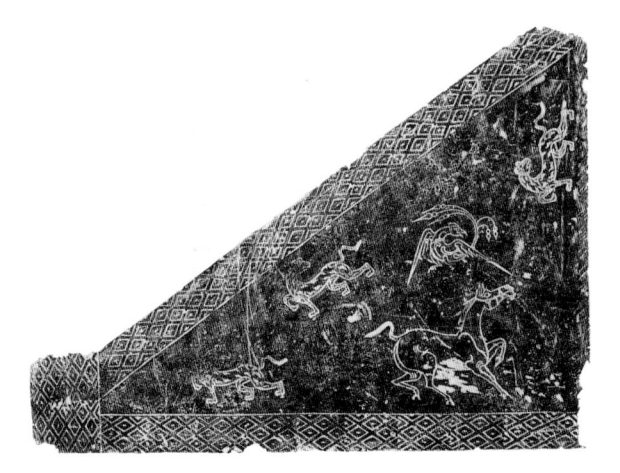

1	
	2
3	4

1. 下侧面与高端面
2. A面
3. A面拓片
4. B面拓片

8. 凤鸟、骏马、白虎画像砖（1）

长 1、高 0.46 米

洛阳市文物考古研究院

两面画像、排列相同。

上有凤鸟、白虎、骏马画像。

边纹为带点菱形纹。

9. 凤鸟、骏马、白虎画像砖（2）

长 1.12、高 0.46 米
洛阳市文物考古研究院

两面画像、排列相同。
上有凤鸟、白虎、骏马画像。
边纹为带点菱形纹。

A 面

B 面

10. 凤鸟、骏马、白虎画像砖（3）

长 1.015、高 0.45、厚 0.14 米
加拿大皇家安大略博物馆（馆藏号：931.13.127）
图片由加拿大皇家安大略博物馆提供

两面画像相同。
有凤鸟、骏马、白虎画像。
边纹为带点菱形纹。

11. 凤鸟、骏马、白虎画像砖（4）

长 1.36、高 0.46 米
河南博物院
图片采自《中原文化大典·文物典·画像砖》24 页

砖上画像和边纹与 10 号画像砖相同。

12. 凤鸟、骏马、白虎画像砖（5）

长 1.26、高 0.45 米

洛阳市文物考古研究院

同样形制的画像砖洛阳市文物考古研究院收藏 3 块，另两块砖的尺寸分别是长 1.27、高 0.455 米，长 1.17、高 0.45 米。

砖上骏马、白虎画像与 10 号砖相同，凤鸟画像不同。右下边的虎画像上方和右上角有印模边框的痕迹。

上有墨书文字。文字内容与书写时间不明。

局部

画像砖

13. 凤鸟、骏马、白虎、仙鹤、树木画像砖

长 1.2、高 0.467 米
故宫博物院
图片采自《故宫雕塑馆》图 143

有骏马、白虎、凤鸟、仙鹤和树木画像。凤鸟有短尾凤鸟和长尾凤鸟两种样式。
边纹为带点菱形纹。

14. 凤鸟、骏马、白虎、群鹤、树木、马驹画像砖

长 1.17、高 0.47 米
日本天理大学天理参考馆
图片采自《天理参考馆画像砖》137 页

有凤鸟、骏马、白虎、群鹤和树木、马驹画像。四只鹤刻在一块印模上，两只成年鹤在啄食一珠，两只幼鹤一上一下位于右侧成年鹤的身边。
边纹为带点菱形纹。

15. 凤鸟、白虎、骑吏画像砖（1）

长 1.02、高 0.47、厚 0.145 米
加拿大皇家安大略博物馆（馆藏号：931.13.128）
图片由加拿大皇家安大略博物馆提供

两面画像相同。

上有凤鸟、白虎、骑吏画像。骑吏，头戴笼冠，上穿宽袖襦，下着大裤，手握缰绳，马呈疾驰之状，马鬃和骑吏的衣袖向后飘扬。

边纹为带点菱形纹。

16. 凤鸟、白虎、骑吏画像砖（2）

长 1.35、高 0.47、厚 0.15 米
洛阳市文物考古研究院
图片采自《洛阳汉画像砖》84、85 页

画像种类、边纹与 15 号砖相同，画像数量有别。

17. 凤鸟、群鹤、白虎、骑吏画像砖

长 0.73、高 0.46、厚 0.16 米

洛阳古墓博物馆

此砖上方被截去一角，应为耳室入口处用砖。
两面画像相同，唯画像数量与排列有差异。
上有凤鸟、群鹤、白虎、骑吏画像。
边纹为带点菱形纹。
上侧面有两条带点菱形纹。

1	2
3	

1. 左端面
2. 右端面
3. A面

下编 贰 非考古出土的画像空心砖

A 面拓片

B 面拓片

18. 凤鸟、天马、猎豹、树木画像砖

长 1.48、高 0.48、厚 0.15 米

宜阳县出土

图片采自《文物》1993 年第 5 期 23 页

上有凤鸟、猎豹、天马、树木画像。

边纹为带点菱形纹。

19. 凤鸟、骏马、群鹤画像砖

长 1.18、高 0.46、厚 0.14 米

加拿大皇家安大略博物馆（馆藏号：931.13.261）

图片由加拿大皇家安大略博物馆提供

两面画像相同，唯排列有差异。

有凤鸟、骏马、群鹤画像。三只鹤刻在一块印模上，两只成年鹤分立左右，头部之间有一只幼鹤，幼鹤嘴巴张开，似在鸣叫，成年鹤的腹中有一条鱼。

边纹为带点菱形纹。

20. 凤鸟画像砖（1）

竖砖，高 0.97、宽 0.44 米
洛阳市文物考古研究院

此砖一侧上端有一方柱。柱高 9、宽 12 厘米。该砖在墓中的位置不详，可能与墓门或耳室入口设施有关。

两面画像相同，均有 2 只长尾凤鸟画像。

边纹为带点菱形纹。

A 面　　　　　B 面

21. 凤鸟画像砖（2）

竖砖，高 1、宽 0.42、厚 0.135 米
洛阳市文物考古研究院

此砖一侧上下两端有高度不同的方柱，上端方柱高 9 厘米，下端高 2 厘米。两面画像相同。

A 面：有 2 只凤鸟画像。凤鸟画像横向排布。上面有朱书文字，据此推测此面朝向墓内。

边纹为带点菱形纹。

侧面有两条带点菱形纹。

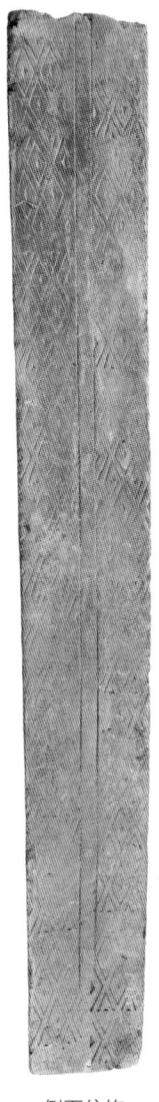

侧面纹饰　　　　　　　　A 面

下编　贰　非考古出土的画像空心砖

1	2
3	4

1. 上侧面
2. 凤鸟画像
3. A面
4. B面

22. 凤鸟、骏马画像砖（1）

长 1.63、高 0.53、厚 0.17 米

洛阳市文物考古研究院

两面画像相同。

上有短尾凤鸟和骏马画像。

边纹为带点菱形纹。

23. 凤鸟、骏马画像砖（2）

长 1.28、高 0.53 米

洛阳市文物考古研究院

画像、边纹与 22 号砖相同，两砖尺寸不同。

24. 凤鸟、骏马画像砖（3）

长 1.14、高 0.455、厚 0.135 米

加拿大皇家安大略博物馆（馆藏号：931.13.120）

图片由加拿大皇家安大略博物馆提供

　　两面画像相同。

　　上有凤鸟、骏马画像。

　　上、下边纹为带点菱形纹。

25. 凤鸟、骏马画像砖（4）

长 1、高 0.44 米

洛阳市文物考古研究院

　　两面画像、排列相同。

　　上有长尾凤鸟和骏马画像。

　　边纹为带点菱形纹。

26. 凤鸟、白虎画像砖（1）

残长 1.41、高 0.37 米
洛阳市文物考古研究院

两面画像相同。

上有凤鸟、白虎画像。左、右两边的白虎画像留有印模边框的痕迹。

边纹为带点菱形纹。

27. 凤鸟、白虎画像砖（2）

残长 1.3、高 0.54 米
孟津营庄村征集
图片采自《文物》1990 年第 2 期 65 页

上有凤鸟、白虎画像。

上、下和右侧边纹为带点菱形纹，边纹离砖的边缘有距离。

28. 凤鸟、白虎画像砖（3）

长 1.26、高 0.43 米

河南博物院

图片采自《中原文化大典·文物典·画像砖》27 页

上有凤鸟、白虎、花卉画像和方格纹。

边纹是菱格纹。

29. 凤鸟、白虎、花卉画像砖（1）

残长 0.62、高 0.32 米

洛阳古墓博物馆

上有凤鸟、白虎、花卉画像。

边纹为花枝纹。

30. 凤鸟、白虎、花卉画像砖（2）

长 1.24、高 0.44 米

河南博物院

图片采自《中原文化大典·文物典·画像砖》28 页

　　上有凤鸟、白虎、花卉、飞鸟画像和方格纹。
　　边纹为菱格纹和花枝纹，左、右边纹为花枝纹。

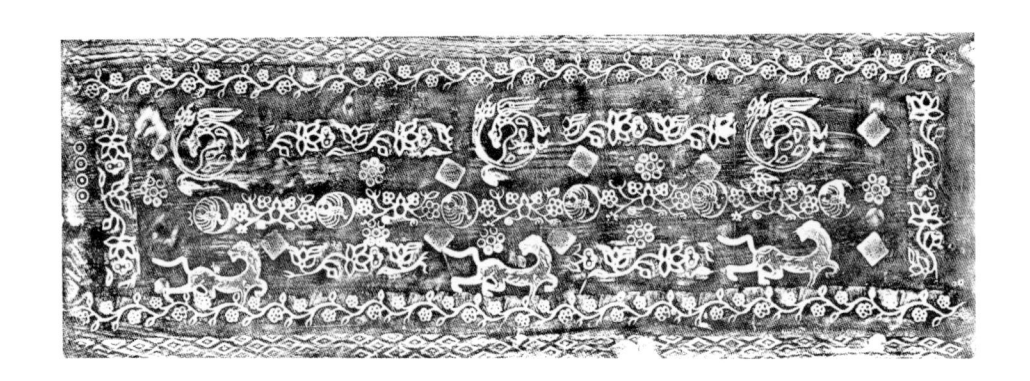

31. 凤鸟、白虎、花卉画像砖（3）

长 1.31、高 0.47 米

图片采自《洛阳汉画像砖》132 页

　　上有凤鸟、白虎、花卉画像和方格纹。
　　边纹为菱格纹和花枝纹。

32. 骏马、白虎画像砖（1）

长 1.62、高 0.51、厚 0.17 米
洛阳市文物考古研究院

两面画像相同，上有白虎、骏马画像。马的式样有 2 种。白虎画像周边留下印模边框的痕迹。

边纹为带点菱形纹。

33. 骏马、白虎画像砖（2）

长 1.63、高 0.52 米
洛阳市文物考古研究院

砖上画像和边纹与 32 号砖相同。

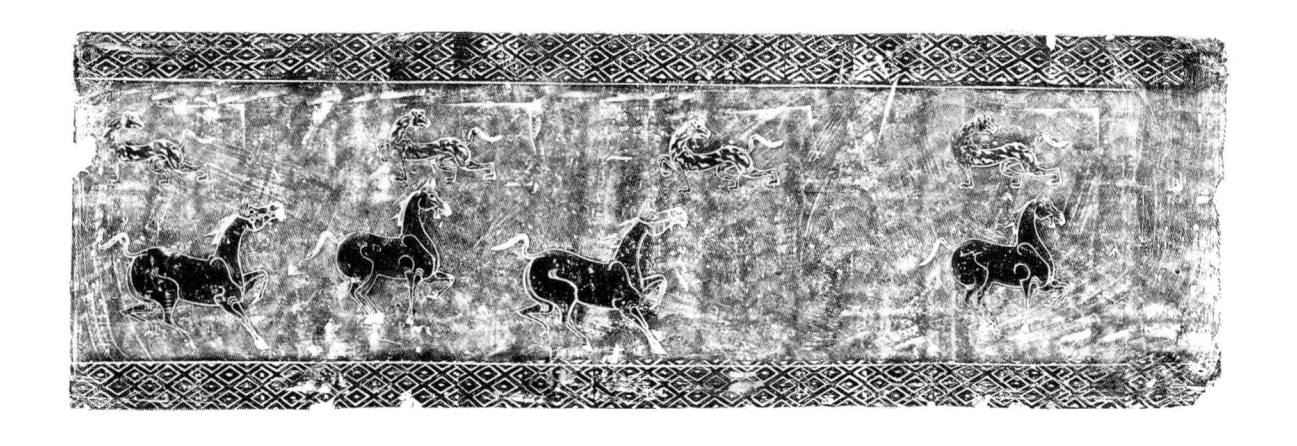

34. 天马、仙鹤、树木、景星画像砖（1）

长 1.16、高 0.53 米

上屯出土，洛阳古墓博物馆

　　该砖复原在墓葬中，另一面画像情况不明。

　　上有天马、仙鹤、树木、凤鸟、景星画像。树木树干笔直，树枝两两交合，左侧树枝之间有一只凤鸟，树冠上方有一颗闪亮的景星。

　　边纹为带点菱形纹。

　　上侧面有三条"米"字纹。

35. 天马、仙鹤、树木、景星画像砖（2）

长 1.4、高 0.52、厚 0.17 米

上屯出土

图片采自《洛阳汉画像砖》70 页

砖上画像与 34 号砖相同。

上侧面有三条"米"字纹。

1	2
3	

1. 树木、仙鹤画像
2. 上侧面纹饰
3. 画像砖拓片

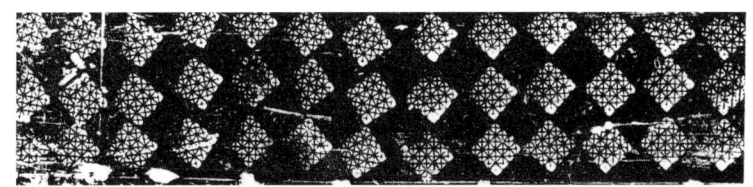

36. 铺首衔环画像砖

竖砖，高 1.17、宽 0.61、厚 0.17 米
洛阳市文物考古研究院

两面画像相同。
砖面中间偏上模印铺首衔环画像。
边纹为带点菱形纹。

画像砖拓片

局部

37. 白虎画像残砖

残长 1、高 0.54 米

偃师碑楼庄征集

图片采自《文物》1990 年第 2 期 63 页

上有白虎画像。

边纹为带点菱形纹和勾连云纹。

38. 群鹤画像残砖

残砖

洛阳古墓博物馆

39. 钱纹砖

长 1.28、宽 0.14 米

洛阳市文物考古研究院

上有钱纹，钱面有"五万"二字。
边纹是网纹和菱格纹。

局部

画像砖拓片

二、阳纹画像空心砖

　　阳纹画像是指构成画像的线条是高于砖面的阳纹线条。阳纹画像除单体画像外，还有复合画像。画像种类有人物、动物、植物、车马、乐舞、建筑等。阳纹画像中建筑、车马出行、乐舞和女子是新出现的种类。与阴纹画像相比，阳纹画像中的人物、动物画像的种类大为减少，如人物画像中常见的只有武士、文吏，动物画像中常见的仅有青龙、白虎、凤鸟等神异禽兽。阳纹画像尺幅普遍缩小，即便是复杂的建筑、车马画像尺幅通常也不大。画像之间有明显的界线，排列密集，很少留有空白。画像的题材内容与阴纹画像相同。

1. 白虎、铺首、单阙画像砖

高 1.16、宽 0.4、厚 0.14 米
洛阳市文物考古研究院

两面模印花纹相同。

砖面中部模印白虎、铺首、单阙三种画像，上部和下部是几何纹。白虎画像呈倾斜状，虎首向下。单阙为重檐，阙上站立一只口衔瑞珠的凤鸟。几何纹有方形多乳纹、圆形多乳纹和柿蒂纹。

边纹由外至里依次有斜线纹、勾连云纹、菱格纹和直方格纹。[1]

| 1 | 2 | 3 |

1. A面拓片
2. A面
3. B面

A 面局部
单阙画像（高 18.4、宽 5.8 厘米），
铺首画像（高 9.6、宽 8.5 厘米），
白虎画像（高 5.9、宽 19 厘米）[2]

上部几何纹（方形多乳纹长、宽 4 厘米，圆形多乳纹直径 2.9 厘米，柿蒂纹长、宽 3.4 厘米）

2. 凤鸟、武士、建筑、狩猎、彀骑、青龙、铺首画像砖

竖砖，高 1.16、宽 0.35、厚 0.14 米

金村出土，洛阳博物馆

此砖著录于《洛阳汉画像砖》140 页，图片由霍宏伟提供

砖面上部模印画像，下部为几何纹。上部画像从上至下有六层，每层画像数量不等，画像之间以直方格纹隔开。第一层是一只凤鸟画像，凤鸟两侧模印圆形多乳纹。凤鸟口衔瑞珠，呈飞翔之状。第二层以左、中、右排列模印四种画像，两侧是武士画像，中间上部是建筑画像，下部为狩猎画像。两名武士装束、形态相同，但面向相反，头戴无帻之冠，冠前有一长长的尖状物，身穿宽袖长袍，下穿大裤，佩剑持盾。建筑画像，前部是重檐子母双阙，右阙前一人执戟面右而立。双阙之后是一座高大的二层楼阁，一层大门开启，门楣中央装饰一物，右门扉上有铺首，门前一人腰悬长剑、手持谒板，身形微躬面右而立，二层中间有二人对坐，建筑顶上有两只尾羽华丽的凤鸟，两鸟背向站立。狩猎为猎犬逐兔。第三层是三名彀骑画像，骑者头戴笼冠，上身反转张弓欲射。第四层是两幅树木飞鸟画像，画面两侧是树木，中间是上下排列的两只飞鸟。第五层一字排开模印三个画像，两边为彀骑，中间是铺首衔环。第六层用同一印模模印四个青龙画像，龙首朝上。下部为几何纹，种类有圆形多乳纹、方形多乳纹和方形乳丁纹。

边纹为菱格纹。

洛阳西汉画像空心砖发现与研究 ◆

1	2
3	4

1. 第一层和第二层画像 凤鸟画像（高4厘米），武士画像（高15.6、宽4厘米），猎犬逐兔画像（高3.4、宽8厘米）
2. 铺首画像（高7.1、宽6.1厘米）
3. 建筑画像（高11.25、宽8厘米）
4. 下部几何纹

下编 贰 非考古出土的画像空心砖

第三层和第四层画像
彀骑画像（高8、宽6.8厘米），树木飞鸟画像（高7.1、宽9.8厘米）

第六层画像
青龙画像（高4.9、长21厘米）

3. 建筑铺首、武士、树木画像砖

竖砖，高 1.21、宽 0.21、厚 0.17 米

偃师商城博物馆

砖体四面模印花纹，正面、左侧面和右侧面印有画像，背面印几何纹。左侧面后部有一条凸棱。此砖应为右侧门框砖。

正面上部印画像，下部印几何纹。画像从上至下有六层：第一、第六层画像相同，为建筑铺首，画像上部是由重檐双阙和二层楼阁组成的一组建筑，中部是双鸟和一棵树木，下部是铺首；第二层为两个武士画像，武士头戴无帻之冠，身穿长襦，下穿有条纹的大裤，手执长戟，腰部有飘垂的绦带；第三、第五层画像相同，为树木画像，树冠呈三角形，树根茂密，空白处模印四个圆形花瓣纹；第四层为建筑铺首画像，画像上部是昂首展翅的凤鸟，中部是重檐单阙，下部是铺首。下部几何纹有圆形花瓣纹和方形多乳纹。边纹由外至里依次有斜线纹、勾连云纹和直方格纹。

右侧面从上至下模印四层画像：第一层是凤鸟画像；以下三层是武士画像，武士头戴鹖冠，身穿宽袖长袍，下穿大裤，手执长戟。每层武士之间用菱形纹间隔。边纹与正面相同。

左侧面凸棱之前从上至下用同一个印模模印六个武士画像。武士头戴鹖冠，身穿宽袖长袍，下穿大裤，手执长戟，身侧有两条下垂的绦带。边纹与正面相同。凸棱表面上模印菱形纹。

正面第一、六层建筑铺首画像
（高 18.5、宽 6 厘米）

正面武士画像
（高 15.4、宽 2.2 厘米）

下编　贰　非考古出土的画像空心砖

| 1 | 2 | 3 |

1. 左侧面
2. 正面
3. 右侧面

洛阳西汉画像空心砖发现与研究 ◆

1	2	3
4	5	

1. 正面第四层建筑铺首画像（高17、宽6厘米）
2. 树木画像（高14.8、宽6.3厘米）
3. 左侧面武士画像（高15.6、宽3.5厘米）和凸棱上的花纹
4. 右侧面武士画像（高15.4、宽2.2厘米）
5. 右侧面凤鸟画像（高5、宽11.8厘米）

4. 文吏、武士、铺首、树木画像砖

竖砖，高 1.22、宽 0.36、厚 0.14 米
伊川县文物保护管理委员会办公室

两面画像略有不同。

A面：上部模印画像，下部为几何纹。画像分三层排布：上层为两名文吏画像，头戴帻，帻有前低后高的颜题，帻顶上又加一条状物，此物前部呈圆形，比颜题长出一节，身穿宽袖长袍，双手持谒板，折腰行礼，腰中有两根绦带和书刀；中层为两个铺首画像，铺首之间有一棵树木画像；下层为三名小吏画像，跽坐状，头戴平上帻，帻后有一向前翻折的条状物，身穿宽袖右衽长袍，双手斜抱金吾。三层画像之间以菱格纹隔开。几何纹有十字纹（4厘米见方）和方形多乳纹（3.6厘米见方）。

B面：除画像部分的上层为两名武士画像外，其余部分与A面相同。武士头戴力士冠，两侧发髻高耸，着左衽袍服，腰束带，右手握剑鞘，剑柄朝下，左手执钺，身躯微躬，两腿略分站立。

边纹由外至里为斜线纹、勾连云纹和直方格纹。

1	
2	3

1. A面文吏画像
（高11.3、宽6.7厘米）
2. 武士画像照片
3. B面武士画像拓片
（高12.6、宽7.1厘米）

洛阳西汉画像空心砖发现与研究 ◆

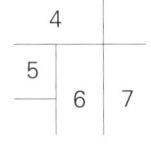

4. 铺首衔环画像（高7、宽6厘米），
   树木画像（高7、宽3.3厘米）
5. 跽坐小吏照片
6. A面拓片
7. A面

276

下编 贰 非考古出土的画像空心砖

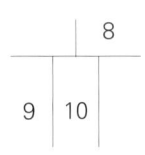

8. 跪坐小吏画像（高10、宽5.3厘米）
9. B面
10. B面拓片

5. 文吏、铺首、树木画像砖

竖砖，高 1.24、宽 0.354、厚 0.14 米
伊川县文物保护管理委员会办公室

　　同样形制的画像砖伊川文管会收藏 2 块，另一块残断。
　　两面画像相同。
　　砖面上半部模印画像，下部为几何纹。画像分三层排布：第一层和第三层画像相同，为两名文吏，第二层为两个铺首，铺首间有一棵树。文吏、铺首画像的形制与 4 号砖相同。三层画像之间以菱格纹隔开。几何纹有十字纹、方形多乳纹和圆形花卉纹。
　　边纹由外至里为斜线纹、勾连云纹和直方格纹。

1. A 面文吏
2. A 面
3. B 面

6. 文吏、建筑、青龙、白虎、铺首画像砖

长 1.637、高 0.315、厚 0.19 米
伊川县文物保护管理委员会办公室

砖底面后端中部有一条两端抹角的凸棱，凸棱长 1.13、高 0.035、厚 0.055 米。此砖应是门楣砖。

两面装饰花纹不同。

A 面：中部模印画像，两侧为几何纹。画像从左至右分三组：左边一组上层依次是二铺首、二建筑画像，下层是青龙、白虎画像。建筑画像中前部是大门和重檐双阙，门扉上有文字，后部是二层楼阁，屋顶有一凤鸟。青龙、白虎画像头向相反，青龙背上似有一御龙的人或兽，白虎前面有一棵树木。中间一组仅有一文吏画像。右边一组画像种类与左边一组相同，排列顺序不同，白虎、青龙画像头向相对。文吏和铺首的形制与 4 号砖上的相同。几何纹有十字纹、方形多乳纹和圆形花卉纹。

上、下和左侧边纹由外至里为斜线纹、勾连云纹和直方格纹。

B 面：仅模印几何纹，种类与正面的相同。

A 面画像局部

A 面与底面

洛阳西汉画像空心砖发现与研究 ◆

1. A面画像拓片局部
2. 几何纹（十字纹4厘米见方，方形多乳纹3.6厘米见方，圆形花卉纹直径2.2厘米）
3. A面拓片
4. 白虎画像
5. 白虎画像拓片（长10.5、高5.1厘米）

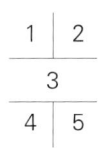

下编　贰　非考古出土的画像空心砖

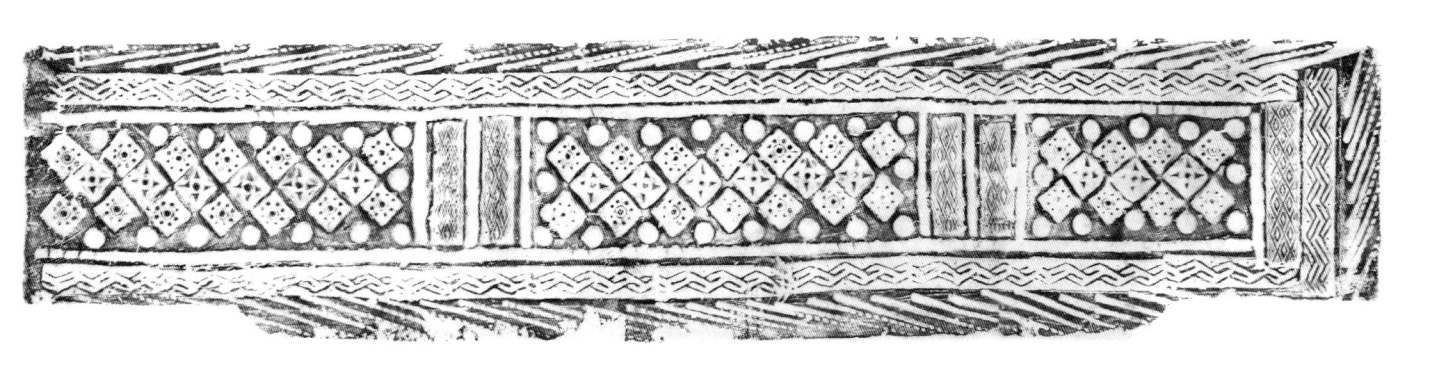

6. 青龙画像拓片
（长10.3、高4.3厘米）
7. 青龙画像
8. B面拓片
9. 建筑画像拓片
（高7、宽4.8厘米）
10. 建筑画像

281

7. 青龙、铺首、女子、文吏画像砖

竖砖，高 1.27、宽 0.28、厚 0.185 米
伊川县文物保护管理委员会办公室藏

　　砖右侧面后端有一条上部抹角的凸棱，凸棱宽 3 厘米。此砖应是左侧门框砖。

　　两面装饰花纹不同。

　　A 面：上部模印画像，下部为几何纹。画像分上、下两组，两组画像下边各有两条菱形纹。上组并排模印两条青龙画像，龙首向上。下组画像由三层画像组成：上层为一铺首；中层并排模印两名女子画像，头顶梳双高髻，两侧有垂髾，上着衣下穿裙，身姿窈窕；下层为一文吏。文吏、铺首画像形制与 4 号砖上的相同。下部几何纹有圆形花卉纹和方形多乳纹。

　　边纹由外至里为斜线纹、勾连云纹和直方格纹。

　　B 面：仅模印几何纹，种类与正面下部相同。

A 面拓片　　　　画像砖 A 面与右侧面凸棱

下编　贰　非考古出土的画像空心砖

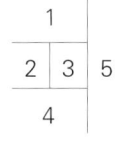

1		
2	3	5
4		

1. 青龙画像拓片和照片（高4、长21.7厘米）
2. 女子画像（高13.5、宽4厘米）
3. 女子画像拓片
4. 文吏画像
5. B面及凸棱

283

8. 青龙、铺首、文吏画像砖

竖砖，高 1.26、宽 0.27、厚 0.185 米
伊川县文物保护管理委员会办公室

砖左侧面后端有一条上端抹角的凸棱，凸棱宽 3.5、厚 6.1 厘米，凸棱端面模印直方格纹。此砖应是右侧门框砖。

两面装饰花纹不同。

A 面：上部模印画像，下部为几何纹。画像分上、下两组，两组画像下边各有两条菱形纹。上组并排模印两条青龙画像，形制与 7 号砖上龙纹相同。下组画像由两层画像组成：上层为一铺首画像；下层为一文吏画像。文吏、铺首画像与 4 号砖上的相同。几何纹有圆形花卉纹和方形多乳纹。

边纹由外至里为斜线纹、勾连云纹和直方格纹。

B 面：仅模印几何纹，种类与正面下部相同。

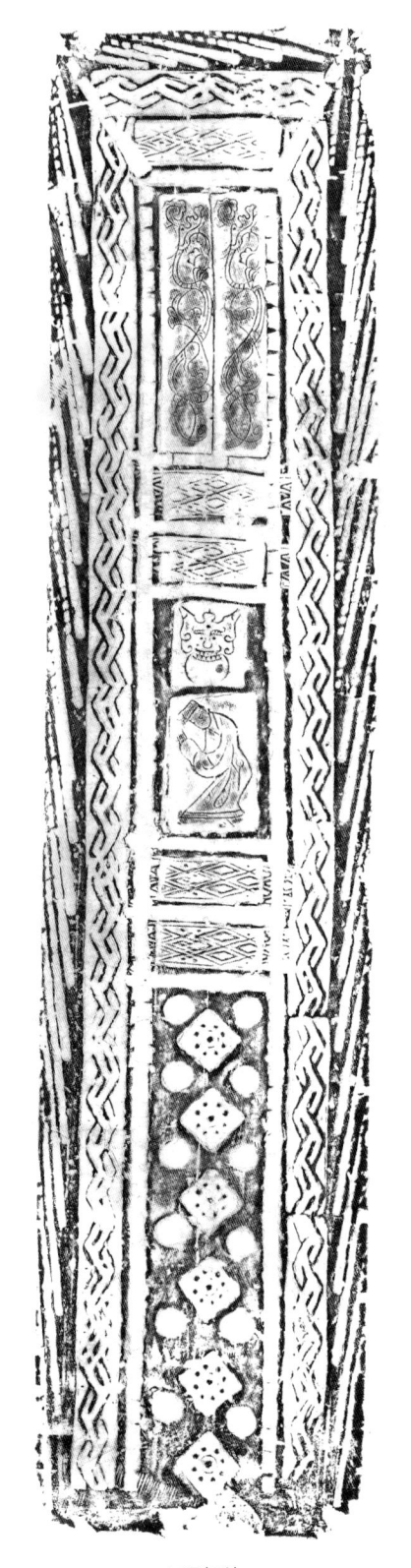

A 面拓片

9. 武士画像砖

竖砖，高 1.25、宽 0.175、厚 0.18 米
伊川县文物保护管理委员会办公室

砖右侧面后端有一条上部抹角的凸棱，凸棱宽 3.5、厚 5 厘米，端面模印斜绳纹。此砖应是左侧门框砖。

两面装饰花纹不同。

A 面：上部模印画像，下部为几何纹。上部分两层模印四名武士画像。武士形制相同，头戴鹖冠，身穿宽袖左衽及踝长袍，手执长铍，身体向右侧。几何纹有十字纹、方形多乳纹和圆形花卉纹。

边纹由外至里为斜线纹、勾连云纹和直方格纹。

B 面：仅模印几何纹，种类与正面下部相同。

| 1 | 2 | 3 |

1. 武士画像拓片（高17、宽5厘米）
2. 武士画像
3. 画像砖右侧面的凸棱

洛阳西汉画像空心砖发现与研究 ◆

4		
	5	6

4. A面
5. A面拓片
6. B面拓片

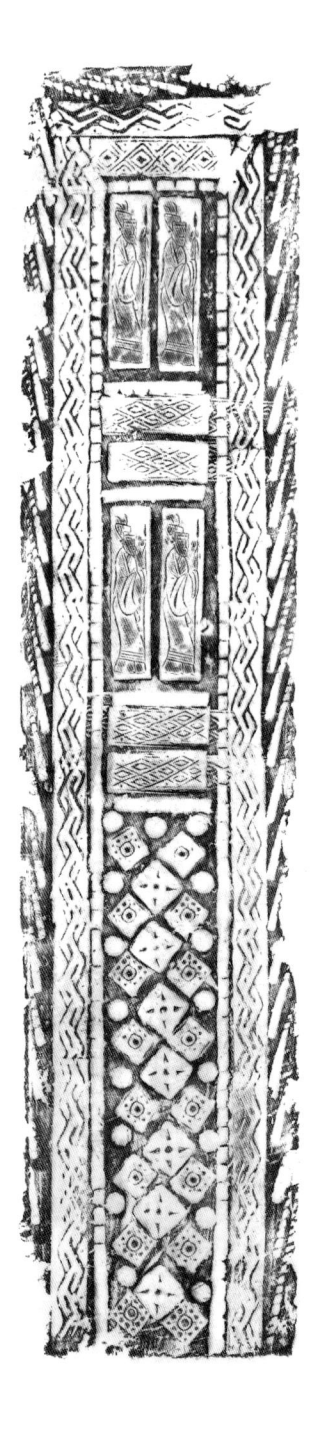

10. 武士、女子、树木画像砖

竖砖，高 1.19-1.24、宽 0.335、厚 0.18 米
伊川县文物保护管理委员会办公室

由左、右并列的两个长方形砖组成，砖底部平齐，左侧砖高 1.24、宽 0.16、厚 0.18 米，右侧砖高 1.19、宽 0.175、厚 0.155 米。此砖应为左侧门框砖。

砖的前、后、右三面印有花纹，左侧素面。

前面左侧高砖部分上部上下排布两名武士画像和一名女子画像，画像之间以方形多乳纹隔开。下部上下排布印有四棵树木画像，树木上方有两个圆形花卉纹。武士头戴鹖冠，着左衽宽袖袍，身体向右略侧，执戟而立。女子头戴花冠，着宽袖袍，袖手端坐，腰间悬挂佩饰。右侧低砖部分模印菱形纹。边纹均为菱格纹和直方格纹。

右侧面的画像种类、形制和排列方式与前面左侧高砖相同，惟无方形多乳纹。边纹与前面相同。

后面模印几何纹，种类有方形多乳纹、十字纹和圆形花卉纹，边纹为斜线纹、勾连云纹、菱格纹和直方格纹。

1		4
2	3	

1. 武士画像（高15、宽5厘米）
2. 女子画像（高11、宽6.2厘米）
3. 树木画像（高12.7、宽5.8厘米）
4. 前面

洛阳西汉画像空心砖发现与研究

		7
5	6	8
		9

5. 右侧面
6. 后面
7. 方形多孔纹
8. 菱形纹
9. 顶部

11. 铺首衔环画像砖

竖砖，高 1.1、宽 0.37、厚 0.13 米
伊川县文物保护管理委员会办公室

两面装饰花纹相同。

砖面中上部有一铺首衔环和三个树木画像，画像四周是菱格纹和直方格纹，其余部分模印几何纹。几何纹种类有卷云纹和十字纹。

边纹由外及里为网格纹、菱形纹。

铺首衔环画像（高 21.5、宽 10 厘米）

12. 文吏、青龙、白虎、树木画像砖

竖砖，断为两截，上截高 0.32、下截高 0.83、宽 0.34、厚 0.13 米，两截难以拼接

伊川县文物保护管理委员会办公室

此砖至 22 号砖皆著录于《洛阳又发现一批西汉空心画像砖》(《文物》1993 年第 5 期)，此砖为该文中的第 11 砖，后文各砖的著录信息简写为《洛阳》一文第 × 砖

　　两面装饰花纹相同。
　　上截有两名手持谒板的文吏画像，文吏戴进贤冠，簪白笔，身穿宽袖长袍，双手捧谒板，腰挂书刀，书刀前有两条下垂的绦带，折腰行礼。A 面文吏残存蓝彩。下截上部分模印三层画像：第一层为一青龙画像，龙首朝左；第二层并排模印青龙、白虎画像，青龙在左，白虎居右，两兽首部朝下，腹部相对，青龙画像与第一层龙画像为同模所印；第三层为二铺首画像，铺首造型别致。下部分三层每层两个模印六棵树木画像，每层树木以圆形花卉纹隔开。
　　边纹由外至里为斜线纹、菱形纹、圆形花卉、麟趾纹和直方格纹。

	1	
2	3	
4		

1. 上截砖A面文吏画像（高11.6、宽7.3厘米）
2. 上截砖A面
3. 上截砖B面
4. 上截砖断面

下编　贰 非考古出土的画像空心砖

5. 下截砖
6. 白虎画像（高8、长13.4厘米）
7. 青龙画像（高6.2、长14厘米）
8. 下截砖局部
9. 树木画像（高15.1、宽6厘米）
10. 铺首画像（高10.5、宽6.5厘米）

13. 舞蹈、铺首画像砖（1）

残长 1.225、高 0.3、厚 0.13 米

伊川白元乡王庄村出土，伊川县文物保护管理委员会办公室

此砖为《洛阳》一文第 3 砖

  两面装饰花纹相同。
  砖底面后端有一条两头抹角的凸棱，凸棱长 1.06、高 0.07、厚 0.06 米。凸棱距砖的边缘 0.18 米。
  A 面：有两人对舞、铺首两种画像。画像两个一组，相间排布，对舞画像上下排列，铺首画像左右排列，每组画像以直方格纹隔开。舞蹈画像，两侧各有一棵树木，树木之间是两个舞蹈人物，两人装束相同，上穿长袖长襦，下穿阔腿长裤，长襦下摆呈燕尾状。两人长袖奋起，似为长袖之舞。砖面右边残存一个方形十字纹。
  边纹由外至里依次有斜线纹、勾连云纹和直方格纹。
  B 面：与 A 面相同，唯铺首画像下方有一对方形十字纹。

A 面拓片

A 面及底面凸棱

下编　贰 非考古出土的画像空心砖

1
2
3
4

1. 舞蹈画像（高6.7、宽16.5厘米）
   铺首画像（高11.2、宽7.4厘米）
2. 二人对舞
3. B面拓片
4. B面

14. 舞蹈、铺首画像砖（2）

残长 0.965、宽 0.298、厚 0.172 米
伊川白元乡王庄村出土
此砖为《洛阳》一文第 1 砖

两面画像相同。

砖上画像与 13 号砖相同，排布有差别。左边连续模印三组六幅舞蹈画像，中部是三个倒置的铺首画像，右边是两幅舞蹈画像，已残。每组画像以直方格纹隔开。

边纹与 13 号砖相同。

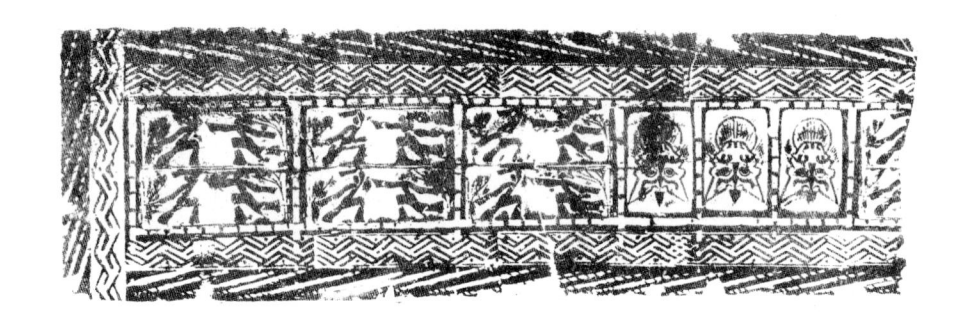

15. 舞蹈、武士、建筑、铺首画像砖

竖砖，高 1.13、宽 0.325、厚 0.13 米
伊川白元乡王庄村出土
此砖为《洛阳》一文第 4 砖

两面画像相同。

砖面上部模印舞蹈、武士、建筑、铺首四种画像，下部为几何纹。

边纹与 13 号砖相同。

16. 武士、青龙画像砖

竖砖，高1.16、宽0.27、厚0.18米
伊川白元乡王庄村出土，伊川县文物保护管理委员会办公室
此砖为《洛阳》一文介绍"第9砖"时提到的印有青龙的画像砖

砖右侧面后端有一条宽4.5厘米的凸棱，凸棱上部抹角。凸棱上面模印斜绳纹。此砖应是左侧门框砖。

两面装饰花纹不同。

A面：上部模印武士、青龙画像，下部为几何纹。两名武士的形象、衣着相同，相对而立，武士头戴笼冠，身穿宽袖长袍，手执长戈。两条青龙画像，同向飞行，为同模印制。

边纹由外至里依次有斜线纹、勾连云纹和直方格纹。

B面：为几何纹。

1	3	4	5
2			

1. 武士画像（高16.8、宽5厘米）
2. 青龙画像（长16.8、高4.8厘米）
3. 拓片局部
4. A面拓片
5. A面

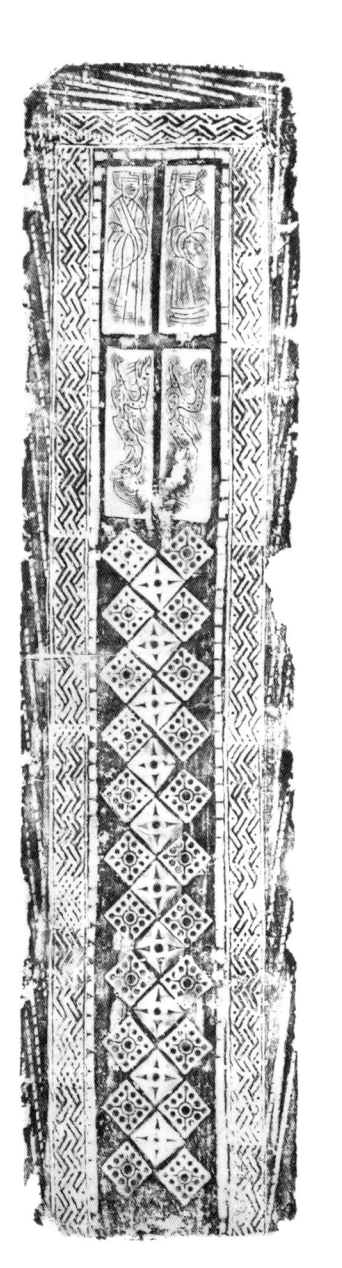

17. 武士、白虎画像砖

竖砖，高1.18、宽0.27、厚0.18米
伊川白元乡王庄村出土，伊川县文物保护管理委员会办公室
此砖为《洛阳》一文第9砖

砖的形制与16号砖相同，唯武士画像下方模印白虎画像。

A面

A面局部拓片武士画像（高16.8、宽5厘米），白虎画像（长17、高4.8厘米）

18. 文吏、飞鸟、白虎、铺首画像砖

竖砖，高 1.17、宽 0.38、厚 0.13 米

伊川白元乡王庄村出土，伊川县文物保护管理委员会办公室

此砖为《洛阳》一文第 10 砖

两面花纹装饰相同。

上部模印画像，下部为几何纹。上部画像分三层，每层之间以菱格纹隔开，第一层有两个飞鸟和五棵树木画像。第二层有两名文吏画像，文吏头戴笼冠，身穿宽袖长袍，双手笼于袖中合抱身前，躬身行礼，腰中悬挂书刀。第三层有三个画像，中间是铺首，两侧是白虎。下部几何纹有花卉纹、方形乳丁纹、柿蒂纹。

边纹有斜线纹、勾连云纹和直方格纹。

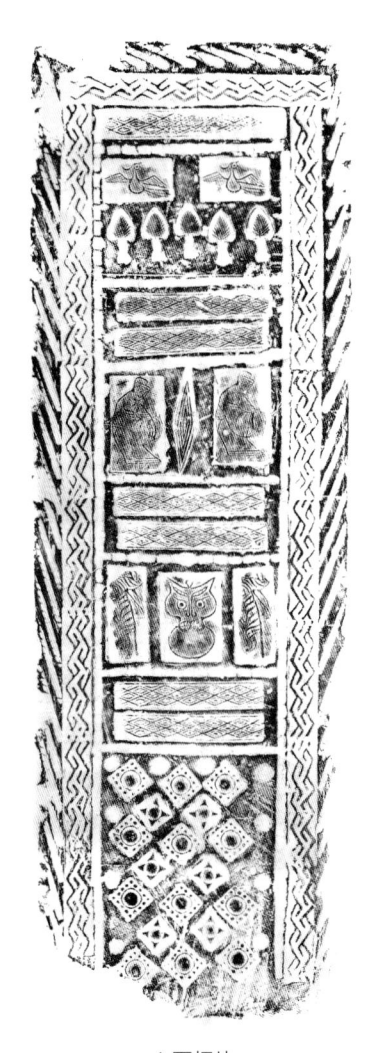

A 面拓片　　　　　　　B 面拓片

洛阳西汉画像空心砖发现与研究 ◆

1	
2	4
3	

1. 飞鸟画像（高5、宽8厘米），树木画像（高5.3厘米）
2. 门吏画像（高11.2、宽6.7厘米）
3. 铺首画像（高11、宽7.5厘米），白虎画像（长12厘米）
4. 画像砖A面

298

19. 凤鸟、武士、建筑、狩猎、车马、縠骑、铺首画像砖

竖砖，残高 0.84、宽 0.315、厚 0.17 米

伊川彭婆乡靳庄出土

此砖为《洛阳》一文第 12 砖

两面画像相同。

上部为画像，下部是几何纹。上部画像分四层，每层以直方格纹间隔，其中第一、第二层画像的排布和种类与 2 号砖相同；第三层为车马画像；第四层左边为铺首画像，右边为縠骑画像。

边纹为菱格纹和直方格纹。

20. 武士、单阙、白虎、凤鸟、树木画像砖

梯形砖，长 0.53、高 0.59、厚 0.13 米
伊川葛寨乡圪头村出土
此砖为《洛阳》一文第 13 砖

　　两面画像略有差别。
　　A 面：画像分两层排布，上层从左至右有一只凤鸟、两棵树木画像，下层有树木、单阙、两名武士、单阙画像。单阙为重檐，阙前站立一名面朝右侧的执戟武士。单阙之间的两名武士，装束相同，头戴无帻之冠，身穿长袍，下着大裤，双手执戟，相向站立。画像之间的空白处以圆形多乳纹填充。
　　边纹由外至里为斜线纹、菱形纹和直方格纹。
　　B 面：画像分三层排布，上层为青龙画像；中层为白虎画像；下层从左至右为单阙、凤鸟树木、单阙、树木画像。画像之间的空白处以圆形多乳纹填充。边纹与 A 面相同。
　　根据砖形可判断此砖应是位于墓室山墙部位的山墙砖。

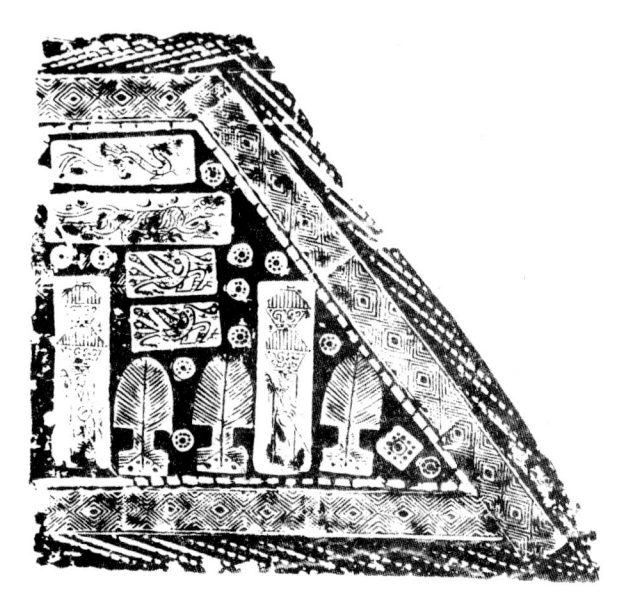

A 面　　　　　　　　　　B 面

21. 武士画像砖

竖砖，残高 0.42、宽 0.22、厚 0.19 米
伊川白元乡王庄村出土
此砖为《洛阳》一文第 7 砖

中部有两名武士画像。武士头戴笼冠，身穿右衽宽袖长袍，手执长戟，面右而立。

边纹为网格纹、直方格纹。

22. 武士、轺车、铺首、树木画像砖

竖砖，残高 0.75、宽 0.25、厚 0.145 米
伊川白元乡王庄村出土
此砖为《洛阳》一文第 8 砖

画像分五层排布：第一层为三名武士画像，武士头戴笼冠，身穿右衽宽袖长袍，下着大裤，双手合抱，置于腹前，宽袖交叠缠绕，手握长戟；第二、第四层画像相同，为轺车画像，车上一前一后端坐二人，前者为御手，后者为主人；第三层中间为铺首画像，两侧各有两棵树木画像；第五层为三棵树木画像。

边纹由外至里依次有斜线纹、勾连云纹和直方格纹。

23. 武士、青龙、白虎画像砖

竖砖，残。残高 0.71、宽 0.26、厚 0.17 米
图片采自《洛阳汉画像砖》133 页

画像分上、下两组排布。上组为两名执戟武士画像，下组是相对的白虎、青龙画像。武士形象与 22 号砖上的相同。

边纹由外至里是斜绳纹、波折纹和直方格纹。

24. 文吏、青龙、白虎画像砖

竖砖，残。残高 0.71、宽 0.26、厚 0.17 米
图片采自《洛阳汉画像砖》135 页

画像分上、下两组排布。上组为两名文吏画像，下组白虎、青龙画像。文吏形象与 12 号砖上的相同，白虎、青龙形象与 23 号砖上的相同。

边纹由外至里是斜绳纹、波折纹和直方格纹。

25. 武士、建筑、车马、毂骑、凤鸟铺首画像砖

竖砖，残。残高 0.6、宽 0.37、厚 0.21 米

图片采自《洛阳汉画像砖》150 页

画像分三层排布：上层模印两名武士和建筑画像。两名武士形制相同，头戴长冠，身体微向左侧，须发张扬，身穿长襦，腰间束带，足穿絇履，右手曲置胸前，左手握长柄斧，右足抬起，欲跨步前冲。建筑画像，前部是重檐双阙，阙顶立一鸟，后部是两层楼阁，下层为大门，门扉上装饰铺首，其中左扇门扉微微打开。中层左边是一名持盾武士画像，头戴笼冠，身穿长袍，下着大裤，腰悬长剑，身体微向右侧，右边画像分两层，上层是一乘轺车画像，车上坐两人，下层是两个单骑，马作飞奔疾驰之状，骑者一手前伸握缰绳，一手后扬，手中拿一扇状物。下层模印两个凤鸟铺首画像。

边纹由外至里是菱格纹和直方格纹。

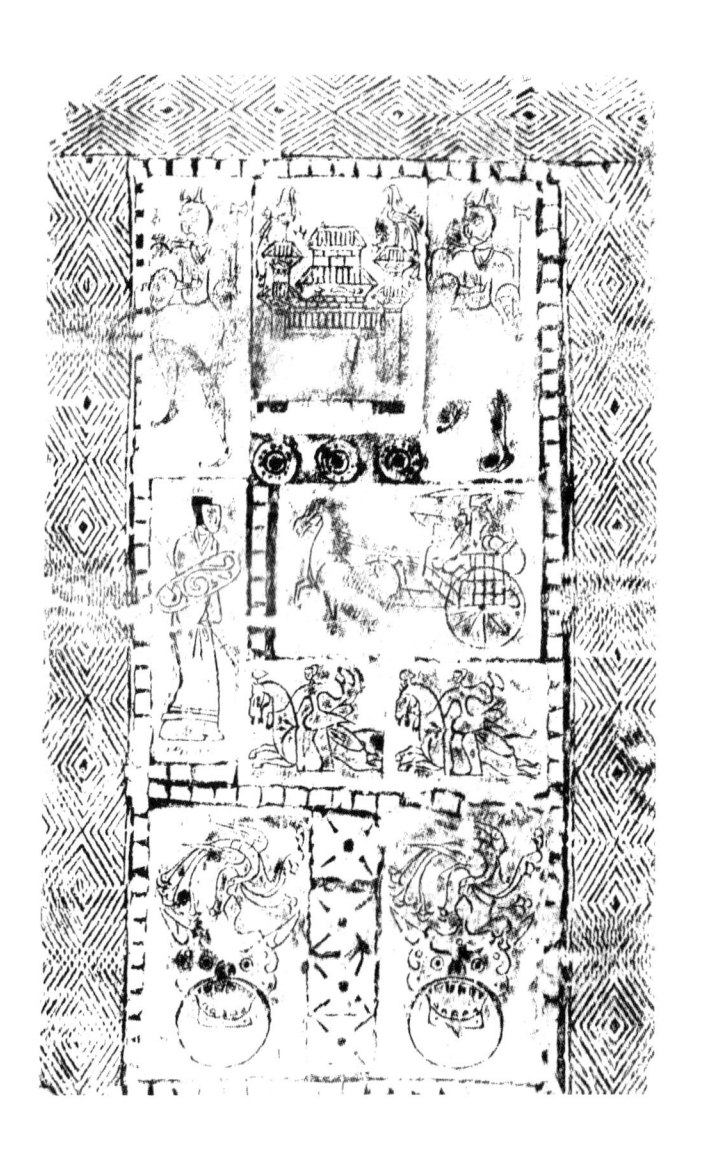

26. 武士、建筑、凤鸟、铺首画像砖

竖砖，残。残高 0.6、宽 0.37、厚 0.21 米
图片采自《中原文化大典·文物典·画像砖》22 页

画像分三层排布，上层和下层的画像和布局与 25 号砖相同，第二层模印四名武士画像。中间两名持盾武士装束相同，唯朝向相反，形制与 25 号砖持盾武士相同。两侧两名武士，头戴笼冠，身穿长袍，手执长戟。

边纹由外至里是菱格纹和直方格纹。

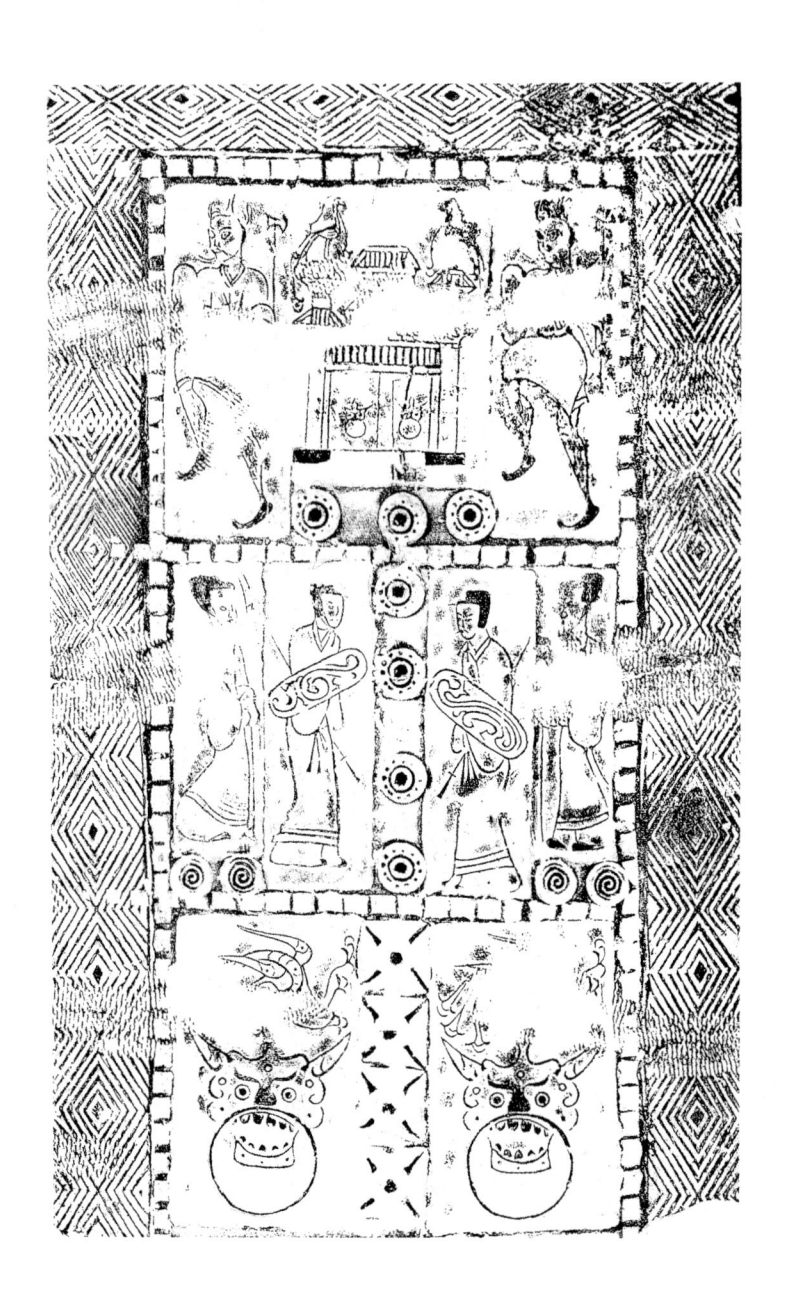

27. 青龙、白虎、斗栱画像砖

残长 0.75、高 0.295 米
洛阳市文物考古研究院

砖面有突出的斗栱，有青龙、白虎画像和几何纹。

拓片

砖面

洛阳西汉画像空心砖发现与研究 ◆

$\dfrac{1}{\dfrac{2}{3}}$

1. 残存状况
2. 青龙画像（长20、高7厘米）
3. 白虎画像（长18.5、高7厘米）

28. 青龙、白虎、玉璧画像砖

长 1.33、高 0.32、厚 0.15 米
洛阳市文物考古研究院
图片采自《洛阳汉画像砖》148 页

　　拓片下部边缘有一条素面带，表明此砖与偃师辛村新莽墓出土的青龙白虎画像砖一样，是"凹边砖"，位置在墓室内的隔梁上。

　　左半部模印画像，右半部为几何纹。画像有青龙、白虎和玉璧。玉璧分左、右两组，每组四个，用绳带串连。左组玉璧之下是白虎，右组为青龙。画像之间和左右两边用菱格纹和三联菱形纹隔开。右部几何纹有乳丁纹和卷云纹。

　　上边纹自外至内依次为菱格纹、直方格纹、三联菱形纹、直方格纹和菱格纹，下边纹只有菱格纹和直方格纹。

29. 玉璧、铺首画像砖

竖砖。高 1.3、宽 0.54、厚 0.16 米
洛阳市文物考古研究院
图片采自《洛阳汉画像砖》138 页

砖面中部偏上模印画像，其余部位印几何纹。画像有玉璧和铺首两种，分为左、右两组，左边一组上方是两块并列但不相连的玉璧，璧好中有十字交叉的绳带，右边一组是两块上下排布的玉璧，中间以三联菱形纹隔开，画像四周是菱格纹和麟趾纹。几何纹有乳丁纹和卷云纹。

左、右和上部边纹是层数不等的菱格纹和直方格纹。

局部

画像砖拓片

30. 龙画像砖（1）

竖砖，残。残高 0.76、宽 0.26、厚 0.21 米

洛阳古墓博物馆

第一张图片采自《洛阳汉画像砖》147 页

此砖为门框砖，横断面呈"L"形，短边略低，四面印有纹饰。除正面上部印有画像外，其余三面均为几何纹。正面上部模印龙画像，龙首朝上，画像上下各有一条菱格纹。下部为几何纹，种类有乳丁纹和卷云纹。

边纹是菱格纹和直方格纹。

画像砖四面拓片　　　　　　　　正面拓片

31. 龙画像砖（2）

长 1.1、高 0.27、厚 0.16 米
图片采自《洛阳汉画像砖》137 页

砖上横向排布三个龙画像，画像前各有两个圆形多乳纹。

边纹由外至里依次是勾连云纹、菱形纹和直方格纹。

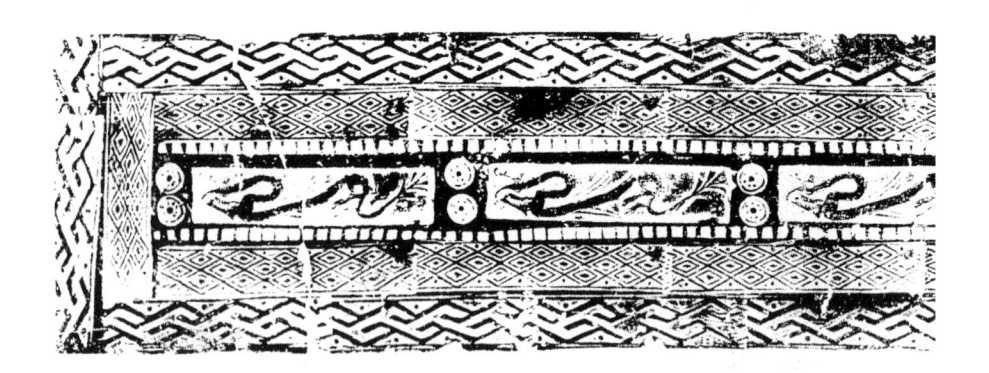

32. 枭鸟、树木画像砖

长 1.03、高 0.37、厚 0.13 米
图片采自《洛阳汉画像砖》118 页

砖面分上、下两层模印两组相同的枭鸟、树木画像，两组之间用直线隔开。枭鸟站立在树木顶端，树木树冠为桃形。

边纹为菱格纹。

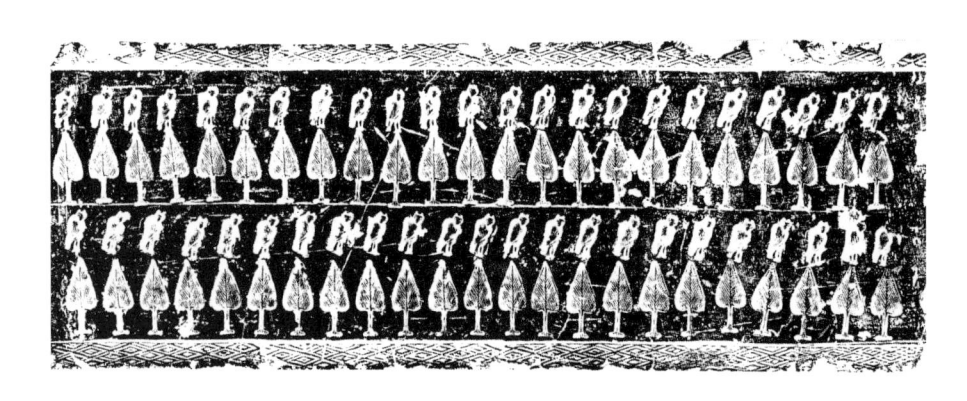

33. 鹭鸟、树木画像砖

长 1.13、高 0.39、厚 0.17 米

图片采自《洛阳汉画像砖》119 页

砖面分上、下两层模印两组相同的鹭鸟、树木画像，两组之间用直线隔开。鹭鸟站立在树木顶端，树木画像与 32 号砖相同。

边纹为菱格纹。

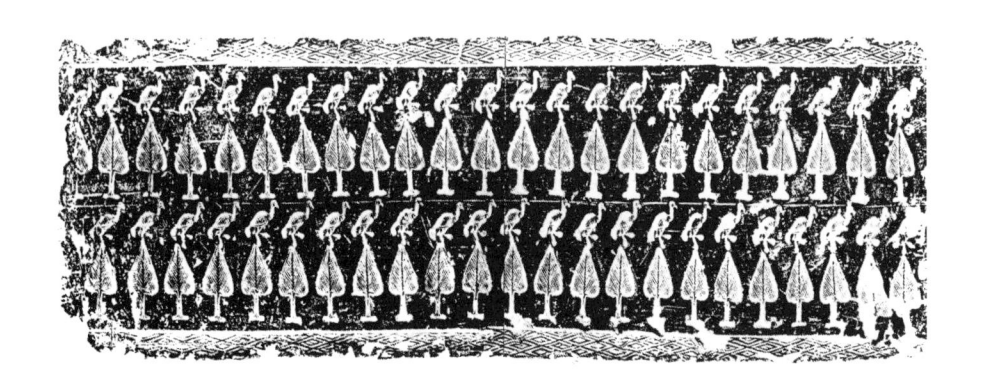

34. 毂骑、凤鸟、童子画像砖

长 0.98、高 0.4 米

河南博物院

图片采自《中原文化大典·文物典·画像砖》26 页

砖面模印毂骑、凤鸟和童子三种画像。

上、下边纹为斜绳纹和直线纹，左边边纹为斜绳纹和直方格纹。

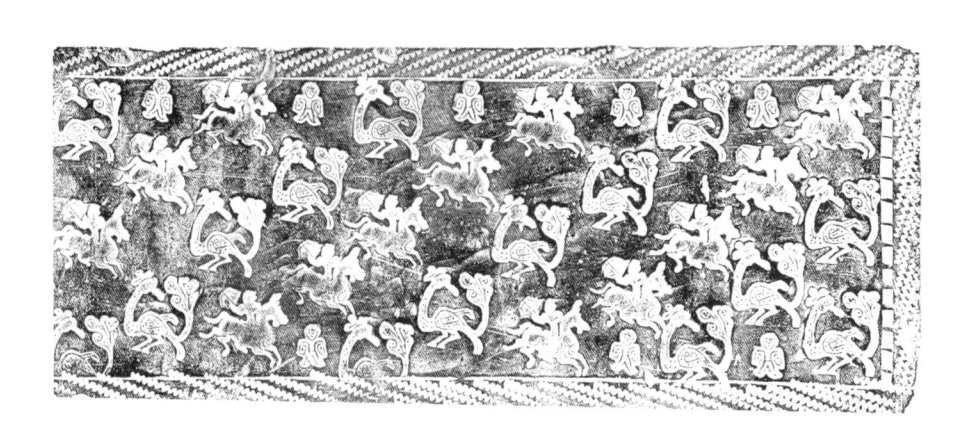

35. 凤鸟画像砖

竖砖。高 1.35、宽 0.34 米

河南博物院

图片采自《中原文化大典·文物典·画像砖》36 页

  砖面自上而下模印九组花纹，每种之间以直方格纹隔开。第一组是两只飞翔的凤鸟画像。第二、五、八组是变形龙纹画像。第三、六组是三只凤鸟画像，一只在上，呈飞翔状，两只在下，为站立状。第四组为一只飞翔的凤鸟画像。第七组为四只飞翔的凤鸟画像。第九组有五只凤鸟画像，中间一只飞翔，四角的凤鸟为站立状态。每组画像的空白处模印圆形多乳纹。

  左、右与上侧边纹为斜绳纹。

注释

【1】关于各种边纹的名称，学界并无统一的意见。如勾连云纹，也被称作波折纹，直方格纹，被称为牙纹等。阳纹画像砖上的勾连云纹与阴纹画像砖上的是有差别的。直方格纹从拓片上看，它确如一个个方格组成，但在砖上，方格的两条短边断面呈"∧"状。

【2】阳纹画像的尺寸皆是印模的尺寸，画像的实际尺寸要小一些。

附录

阴纹画像信息
一、人物画像

名称	型式	画像	尺寸（厘米）[1]
持戈武士	1		高 27.3 宽 15
持戈武士	2		高 25.7 宽 12.2
持戟武士	1		高 23.8 宽 11
持戟武士	2		高 23.4 宽 10
持杖武士	1		高 24.8 宽 10.5

附　录

（续表）

名称	型式	画像	尺寸（厘米）
弓箭手	1		高 21.2 宽 17
佩剑武士	1		高 28 剑长 24
佩剑武士	2		高 21.5 宽 18
佩剑武士	3		高 27.5
佩剑武士	4		高 27
儒生	1		高 20.9 宽 10.5
儒生	2		高 27.7 宽 8.3

[1] 阴纹画像是用阳纹印模印制的，同一种画像会反复出现在一块或多块空心砖上。工匠在模印画像时，用力大画像就深，反之则浅，画像的尺寸因画像的深浅而有几毫米的差异。附录中画像尺寸为编者据实物或拓片测量，但有少数画像，因条件所限数据无法获取。

（续表）

名称	型式	画像	尺寸（厘米）
儒生	3		高 21.2 宽 8
	4		高 21.2 宽 9.5
	5		—
	6		高 27 宽 9.5
驯马人	1		高 22.5 宽 16
驯虎人	1		高 18
毂骑	1		高 10.9 宽 16.5
	2		高 12.5 宽 16

（续表）

名称	型式	画像	尺寸（厘米）
彀骑	3		高 21.5 宽 34.4
骑吏	1		高 20.7
骑吏	2		高 17.2 宽 26.8

二、马画像

名称	型式		画像	尺寸（厘米）
骏马	马首朝右	1		高 18.5 宽 23
骏马	马首朝右	2		高 17.9 宽 27.3
骏马	马首朝右	3		高 17.9 宽 27.5
骏马	马首朝右	4		高 21 宽 23

(续表)

名称	型式		画像	尺寸（厘米）
骏马	马首朝右	5		—
		6		高 10.5 宽 11.5
		7		高 3.8 宽 4.9
	马首朝左	1		高 22.5 宽 27.8
		2		高 20.5 宽 27.6
		3		高 19.2 宽 22.8
		4		高 19.5 长 20.5
		5		高 19 宽 20

附　录

（续表）

名称	型式		画像	尺寸（厘米）
骏马	马首朝左	6		高 9.7 宽 11
		7		高 5.8 宽 5.3
天马	马首朝左	1		高 21 宽 20.5
		2		高 18.4 宽 17.5
		3		高 18.4 宽 17.5
	马首朝右	1		高 27.2 宽 26
		2		高 21 宽 21.8
		3		高 18.8 宽 19

三、凤鸟画像

名称	型式		画像	尺寸（厘米）
长尾凤鸟	凤首朝左	1		高 15.7 宽 19.5
		2		高 14.8 宽 23
		3		高 11.3 宽 13
		4		高 11.6 宽 12
		5		高约 6.5 宽约 13.8
	凤首朝右	1		高 19.2 宽 22.8
		2		高 19.5 长 20.5
		3		高 19 宽 20

附　录

（续表）

名称	型式		画像	尺寸（厘米）
长尾凤鸟	凤首朝右	4		高 12 宽 11
		5		高 14 宽 17
		6		—
		7		高 12 宽 9.7
短尾凤鸟	凤首朝左	1		高 10.9 宽 10.4
		2		高 10 宽 9.4
	凤首朝右	1		高 11.5 宽 10
		2		高 10.5 宽 9.2

（续表）

名称	型式	画像	尺寸（厘米）
短尾凤鸟	凤首朝右	3	高 3 宽 4.8

四、树木画像

型式	画像	尺寸（厘米）
1		高 35.5 宽 16.8
2		高 26.3 宽 13.4
3		高约 38.5 宽 14.5
4		高 23 宽 11.2
5		—
6		高 36.4

（续表）

型式	画像	尺寸（厘米）
7		高约 35
8		高 34
9		-

五、鹤画像

型式	画像	尺寸（厘米）
1		高 13.2 宽 7
2		高 10.8 宽 8
3		高 11.2 宽 6.7
4		高 10 宽 6.3

(续表)

型式	画像	尺寸（厘米）
5		高 14.5
6		高 13
7		宽 13.5 高 8.2

六、虎画像

型式	画像	尺寸（厘米）
1		高 16 宽 24
2		高 9.6 宽 18.5
3		高 9.3 宽 19.6
4		高 6.5 宽 18.1

（续表）

型式	画像	尺寸（厘米）
5		高 11 宽 19.4
6		高 11 宽 19.4

七、雁画像

型式	画像	尺寸（厘米）
1		高 5.8 宽 13
2		高 9.4 宽 7.5
3		高 7 宽 13.5
4		高 7.2 宽 13

八、鹿画像

型式	画像	尺寸（厘米）
1		高 11.2 宽 17.1
2		高 17 宽 25.7
3		高 8.7 宽 17

九、猎鹰画像

型式	画像	尺寸（厘米）
1		高 11.5 宽 12.6
2		高 11.6 宽 12.1
3		高 9 宽 19.3

一〇、龙画像

型式	画像	尺寸（厘米）
1		高 39 宽 81.5
2		高 36 宽 88

一一、猴画像

型式	画像	尺寸（厘米）
1 2		高 3~4.5
3		高 4.5

一二、朱鹭画像

型式	画像	尺寸（厘米）
1		高 7.2 宽 2.8
2		高 6.9 宽 3.9

一三、铺首画像

型式	画像	尺寸（厘米）
1		高 23.3 宽 18
2		高 18 宽 14.5

一四、其他画像

型式	画像	尺寸（厘米）
猎豹		高 9.2 宽 16
猎犬		高 8.8 宽 18.2
野兔		高 3.9 宽 7.9
鹭		高 6.1 宽 11.8
嘉禾		-
花卉		高 10.1 宽 10.8

参考文献

一、著作

（汉）司马迁：《史记》，中华书局，1959年。

（汉）班固：《汉书》，中华书局，1962年。

（明）王士性：《广志绎》，中华书局，1981年。

（明）曹昭：《格古要论》，书成于洪武二十一年（1388年）。

郑德坤、沈维均：《中国明器》，上海文艺出版社，1992年。

王振铎：《汉代圹砖集录》，考古学社出版，1935年。

[加]怀履光：《洛阳古墓砖图考》，多伦多大学出版社，1939年。

洛阳区考古发掘队：《洛阳烧沟汉墓》，科学出版社，1959年。

黄明兰：《洛阳汉画像砖》，河南美术出版社，1986年。

周到、吕品、汤文兴：《河南汉代画像砖》，上海人民美术出版社，1985年。

日本天理大学、天理教道友社：《天理大学附属天理参考馆藏品》，天理教道友社，1986年。

蒋英炬、杨爱国：《汉代画像石与画像砖》，文物出版社，2001年。

周到、王景荃：《河南文化大典·文物典·画像砖》，中原出版传媒集团、中州古籍出版社，2008年。

洛阳市文物工作队：《历程——洛阳市文物工作队三十年》，文物出版社，2011年。

[加]怀履光著，徐婵菲译，沈辰校：《中国（洛阳）古墓砖图考》，中州古籍出版社，2014年。

李健人：《洛阳古今谈》，中州古籍出版社，2014年。

故宫博物院：《故宫雕塑馆》，故宫出版社，2015年。

二、论文

丁士选：《圹砖琐言》，北平燕京大学《考古学社社刊》1937 年第 6 期。

许敬参：《汉朱书圹砖小记》：《河南博物馆馆刊》1937 年第 11 集。

翟维才：《洛阳文管会配合防洪工程清理出二千七百件文物》，《文物参考资料》1955 年第 8 期。

河南省文化局文物工作队：《河南新安铁门镇西汉墓葬发掘报告》，《考古学报》1959 年第 2 期。

中国科学院考古研究所洛阳发掘队：《洛阳西郊汉墓发掘报告》，《考古学报》1963 年第 2 期。

河南省文化局文物工作队：《洛阳西汉壁画墓发掘报告》，《考古学报》1964 年第 2 期。

贺官保：《洛阳老城西北郊 81 号汉墓》，《考古》1964 年第 8 期。

洛阳博物馆：《洛阳西汉卜千秋壁画墓发掘简报》，《文物》1977 年第 6 期。

周到、吕品、汤文兴：《河南汉画像砖的艺术风格与分期》，《中原文物》1980 年第 3 期。

苏健：《美国波士顿美术馆藏洛阳汉墓壁画考略》，《中原文物》1984 年第 2 期。

洛阳地区文管会：《宜阳县牌窑西汉画像砖墓清理简报》，《中原文物》1985 年第 4 期。

洛阳博物馆：《洛阳金谷园新莽时期壁画墓》，《文物资料丛刊（9）》，文物出版社，1985 年。

方腾、吴同著，汤池译：《今藏美国波士顿的洛阳汉墓壁画》，《当代美术家》1986 年第 3 期。

洛阳市第二文物工作队：《洛阳金谷园西汉墓发掘简报》，《中原文物》1987 年第 3 期。

赵振华：《洛阳盗墓史略》，《中原文物》特刊，1987 年。

王广庆：《洛阳访古记》，《河南文史资料（第 23 辑）》，1987 年。

吕品：《河南汉代画像砖的出土与研究》，《中原文物》1989 年第 3 期。

张湘：《洛阳新发现的西汉空心画像砖》，《文物》1990 年第 2 期。

洛阳市第二文物工作队：《洛阳偃师县新莽壁画墓清理简报》，《文物》1992年第12期。

洛阳市第二文物工作队：《洛阳浅井头西汉壁画墓发掘简报》，《文物》1993年第5期。

李献奇、杨海钦：《洛阳又发现一批西汉空心画像砖》，《文物》1993年第5期。

洛阳市第二文物工作队：《洛阳北邙45号空心砖汉墓》，《文物》1994年第7期。

洛阳市第二文物工作队：《洛阳邙山战国西汉墓发掘报告》，《中原文物》1999年第1期。

洛阳市文物工作队：《洛阳北郊C8M574西汉墓发掘简报》，《考古与文物》2002年第5期。

洛阳市第二文物工作队：《洛阳吉利区汉墓（C9M2365）发掘简报》，《文物》2003年第12期。

洛阳市第二文物工作队：《洛阳火车站西汉墓（IM1779）发掘简报》，《文物》2004年第9期。

[瑞士]倪克鲁（Lukas Nickel）著，贺西林译：《大英博物馆收藏的一组汉代壁画》，《考古与文物》2004年第5期。

洛阳市第二文物工作队：《洛阳西汉张就墓发掘简报》，《文物》2005年第12期。

洛阳市第二文物工作队：《洛阳春都花园小区西汉墓（IM2354）发掘简报》，《文物》2006年第11期。

洛阳市文物工作队：《洛阳市文物工作队2009年考古年报》（内部资料）。

洛阳市文物考古研究院：《洛阳市文物工作队2020年、2021年考古年报》（内部资料）。

洛阳市文物考古研究院：《洛阳市老城区邙山镇西汉墓（IM3483）发掘简报》，《洛阳考古》2016年第4期。

洛阳市文物考古研究院：《洛阳市陵园路汉代墓葬发掘简报》，《洛阳考古》2018年第1期。

徐婵菲、沈辰：《见微知著——洛阳西汉阴纹画像砖模印技术的痕迹研究》，《故宫博物院院刊》2020年第2期。

董睿：《汉代空心砖的制作工艺与画像构成研究——以郑州、洛阳为中心》，中央美术学院2013年博士学位论文。

后记

本书的编著缘于洛阳新发现的两座西汉阴纹画像空心砖墓。2020年4月，洛阳市文物考古研究院在史家屯发掘了两座西汉阴纹画像空心砖墓，这是自1984年宜阳县牌窑村西汉画像砖墓以来洛阳第二次发掘阴纹画像空心砖墓。洛阳西汉画像空心砖发现于20世纪初，大量出土是在1925～1932年，正是中国社会动荡不安、文物惨遭浩劫之时，很多精品画像砖流失海外，国人无缘见到，这在很大程度上限制了研究工作的深入开展。近些年，因工作需要我们在广泛收集国内外资料的基础上，对洛阳西汉画像空心砖和空心砖墓进行研究。因为缺乏新的考古材料，研究工作陷入困境。2019年底，我调到考古院工作。考古院原本就收藏有大量的早年出土的画像空心砖，加之新的考古发现，丰富的资料成为推动研究工作深入下去的"源头活水"。在时任考古院院长史家珍先生的鼓励、支持下，2020年下半年，我们开始着手编著《洛阳西汉画像空心砖的发现与研究》一书。经过近两年的辛勤耕耘，此书终于完成，即将付梓。

本书在编著过程中得到很多人的帮助和支持。洛阳市文物考古研究院的薛方（现调任洛阳市文物局总工程师）、严辉、王咸秋、吴业恒、张瑾、马占山、张犁牛、张喆等，无私地将尚未公布的考古资料提供给我们使用，严辉对本书的结构提出建设性意见。在收集画像空心砖资料方面，伊川县文物管理委员会保管所的杨利宾、偃师商城博物馆的贾松涛、新安县博物馆的高耀伟、宜阳县文管所霍小峰和孟津县、洛宁县文管所的多位同志给予了大力支持。还有中国国家博物馆的霍宏伟、洛阳市汉魏城遗址管理处的吕劲松等提供图片资料和文物信息。在此致上我们诚挚的感谢。

书中收录了加拿大皇家安大略博物馆、美国尼尔森—阿特金斯博物馆和休斯敦艺术博物馆收藏的洛阳画像空心砖的图片。在此，特别感谢加拿大皇家安大略博物馆的沈辰、马凯芳、Nicola Woods，美国尼尔森—阿特金斯博物馆的陆聆恩、Zak Meek，美国休斯敦艺术博物馆的Shelby Rodriguez、Marty Stein、Beatrice Chan和美国莱斯大学艺术史系博士生徐津、瓦萨学院的王玮姣等，给予我们的慷慨帮助。还要感谢为本书的顺利出版付出了辛勤的劳动的人，拓制拓片的人员有江化国、江敏、孙宇豪、张正前，拍摄照片的人员有高虎、李波、刘奇、张俊峰、焦伟；扫描拓片与制作图片的人员有胡辙、张思曼、靳佳敏等。

编者
2022年8月